# Vincent Perez

# Vincent Perez

LIGHTS
AND
SHADOWS

**OMBRES ET LUMIÈRES**

**SKIRA**

**Ne pas craindre de
ne pas savoir et simplement chercher, essayer, puis
essayer encore, jusqu'à ce que tout à coup, l'image
se révèle.**

Not fearing
uncertainty, I simply looked, tried and tried again, until
suddenly the image revealed itself.

VINCENT PEREZ
**Biographie** | Biography

**FR.**

Vincent Perez est né à Lausanne, en Suisse, d'une mère allemande et d'un père espagnol. Il vit actuellement à Paris. Formé au théâtre classique (Conservatoire national supérieur d'art dramatique de Paris, École des Amandiers), allant de Shakespeare à Tchekhov, Perez devient du jour au lendemain une idole romantique après avoir joué aux côtés de Catherine Deneuve dans le film oscarisé *Indochine* et dans *La Reine Margot* avec Isabelle Adjani, qui a remporté le Prix du jury à Cannes. Le rôle qui l'a révélé au grand public est celui de Christian dans *Cyrano de Bergerac*, aux côtés de Gérard Depardieu (en 2010, le film a été classé 43$^e$ de la liste des 100 meilleurs films du cinéma mondial établie par le magazine *Empire*).

Fort de ce succès européen éclatant et de son statut de séducteur, Perez fait ses débuts américains dans le film *The Crow : City of Angels*. Il joue par la suite aux côtés de Rachel Weisz, Kim Basinger, Aaliyah, Kathy Bates, Penelope Cruz, Frances McDormand et bien d'autres. En 2016, Perez réalise *Seul dans Berlin* avec Emma Thompson, en compétition au Festival international du film de Berlin.

En 2018, il crée le festival Rencontres 7$^e$ art Lausanne. Ce festival sans compétition invite des cinéastes renommés tels que Joel Cohen, Darren Aronofsky, Thomas Vinterberg, Christopher Walken, qui viennent entre autres partager leur passion pour le cinéma avec le public, ainsi que l'importance de préserver les grands classiques, en étroite collaboration avec la Cinémathèque suisse.

Perez est aussi un photographe accompli, exposant son travail à la Maison européenne de la photographie et au célèbre festival international Rencontres de la photographie d'Arles.

Il a réalisé en 2023 son quatrième long métrage, *Une affaire d'honneur*, avec Roschdy Zem, dans lequel il passe pour la première fois également devant sa caméra. Le film a reçu le prix du public au Festival international du film de Karlovy Vary.

**UK.**

Born in Lausanne, Switzerland, to a German mother and a Spanish father, Vincent Perez now lives in Paris. Trained in classical theatre (Conservatoire national supérieur d'art dramatique de Paris, École des Amandiers), from Shakespeare to Chekhov, Perez became a romantic idol overnight after starring alongside Catherine Deneuve in the Oscar-winning film *Indochine* and in *La Reine Margot* with Isabelle Adjani, which won the Jury Prize at Cannes. His breakthrough role was as Christian in *Cyrano de Bergerac*, opposite Gérard Depardieu (in 2010, the film ranked 43rd in *Empire* magazine's list of the hundred best films of world cinema).

Buoyed by this resounding European success and his status as a heartthrob, Perez made his American debut in the film *The Crow: City of Angels*. He went on to star alongside Rachel Weisz, Kim Basinger, Aaliyah, Kathy Bates, Penelope Cruz, Frances McDormand, and many others. In 2016, Perez directed *Alone in Berlin*, featuring Emma Thompson, which was presented in competition at the Berlin International Film Festival.

In 2018, he created the Rencontres 7$^e$ Art Lausanne festival. At this non-competitive festival, renowned filmmakers including Joel Cohen, Darren Aronofsky, Thomas Vinterberg, and Christopher Walken are invited to share their passion for cinema with the public, highlighting the importance of preserving the great classics, in close collaboration with the Cinémathèque suisse.

Perez is also an accomplished photographer, having exhibited his work at the Maison Européenne de la Photographie and at the renowned Rencontres d'Arles international photography festival in Arles.

In 2023, he directed his fourth feature film, *Une affaire d'honneur*, with Roschdy Zem, his first as both director and actor. The film won the Audience Award at the Karlovy Vary International Film Festival.

**JEAN-LUC MONTEROSSO**
**Modèles en quête de personnage** | Models in search of characters

FR.

La photographie a toujours entretenu des rapports féconds avec le cinéma. Certains cinéastes ont même été à leurs débuts des photographes professionnels, comme ce fut le cas pour Dennis Hopper, Stanley Kubrick, Raymond Depardon ou Johan Van der Keuken. D'autres y ont trouvé une seconde passion et l'ont illustrée par des expositions et des publications, à l'instar de Wim Wenders, Pedro Almodóvar, David Lynch ou plus récemment Audrey Tautou. Pour Vincent Perez, acteur, scénariste, producteur et réalisateur, l'image fixe a été une vocation précoce. Dès l'adolescence, inscrit au cours de la prestigieuse école suisse de Vevey, c'est avec émerveillement qu'il découvre, dans la chambre noire, les images qui apparaissent comme par magie dans les cuves du révélateur. Puis, il entre comme apprenti pendant deux ans dans un laboratoire professionnel spécialisé dans le portrait.

Si la vie le conduit ensuite vers d'autres voies, la photographie continue à l'accompagner. En 2012, il expose pour la première fois ses images à la galerie Ruarts de Moscou. En 2014, il participe à la 45e édition des Rencontres internationales de la photographie d'Arles et, en 2017, il publie son premier livre aux éditions Delpire. Une publication qui sera suivie d'une grande exposition à la Maison Européenne de la Photographie.

Après avoir excellé dans le portrait, il décide alors de se confronter au genre le plus structurant, mais aussi le plus complexe de la photographie, à savoir le nu, auquel Bill Brandt et Irving Penn ont su donner ses lettres de noblesse.

Apparu dès l'origine de la photographie, le nu a toujours suscité débat et polémique. La représentation du corps humain, et particulièrement du corps féminin, alimente, aujourd'hui plus que jamais, interrogations et controverses. Comment, en effet, traiter photographiquement un tel sujet dans le respect des identités, en raison des enjeux liés à la sexualisation et au consentement ?

UK.

Photography has always had a close relationship with cinema. Some filmmakers even started out as professional photographers, including Dennis Hopper, Stanley Kubrick, Raymond Depardon, and Johan Van der Keuken. Others, such as Wim Wenders, Pedro Almodóvar, David Lynch, and, more recently, Audrey Tautou, have found a second passion in photography and have pursued it through exhibitions and publications. For the actor, screenwriter, producer, and director Vincent Perez, the still image was an early vocation. As a teenager, he enrolled at the prestigious Swiss Film School in Vevey, where he was amazed to discover, in the darkroom, the images that appeared as if by magic in the developer trays. He then spent two years as an apprentice in a professional laboratory specialising in portraits.

Although life took him in other directions, photography remained by his side. In 2012, he exhibited his images for the first time at the RuArts Gallery in Moscow. In 2014, he took part in the 45th Rencontres d'Arles festival and, in 2017, published his first book with the publisher Delpire, followed by a major exhibition at the Maison Européenne de la Photographie.

After having excelled in portraiture, he decided to tackle the most fundamental, but also the most complex, genre in photography—the nude, to which Bill Brandt and Irving Penn gave such distinction.

Nudes have always been a subject of controversy, from the very earliest days of photography. Today, more than ever, the representation of the human body, and particularly the female body, is a source of debate. How can such a subject be treated photographically while respecting identities, given the issues surrounding sexualisation and consent?

For nineteenth-century painters, photographing the female or male nude was a way of freeing themselves from the live model. In 1854, for example, Delacroix commissioned Eugène Durieu to take photographs of nude models, from which he drew a series of sketches.

Pour les peintres du XIXᵉ siècle, la photographie du nu féminin ou masculin permettait de s'affranchir du modèle vivant. Ainsi, Delacroix, en 1854, confia-t-il à Eugène Durieu le soin de réaliser des photographies de modèles nues à partir desquelles il composa une série de dessins et d'esquisses. Vincent Perez, que la peinture et la sculpture ont toujours passionné, s'inspire de cet aspect utilitaire et décide de faire appel à des modèles professionnelles.

C'est dans l'atelier de la célèbre Académie de la Grande Chaumière à Paris qu'il décide, en 2019, de s'installer. Il met au point un dispositif et un protocole précis. Renonçant au digital, il privilégie l'argentique et photographie en noir et blanc à l'aide d'un appareil moyen format, un Contax 645 équipé d'un objectif de 90 mm. Dans cet atelier mythique qui n'a pas changé depuis plus d'un siècle et qui a vu passer presque tous les peintres de l'École de Paris, et en particulier ceux du Montparnasse des années vingt, il utilise la lumière naturelle qui descend de la grande verrière.

Enfin, il instaure avec les modèles, Élise, Zoé, Annie, Francesca ou Monika, une relation de confiance mais neutre. Les modèles sans identité, contrairement aux personnages incarnés par des acteurs, peuvent être modelés à l'envi par le peintre, le sculpteur ou le photographe. « À l'assurance des acteurs oppose le charme des modèles qui ne savent pas ce qu'ils sont », confiait déjà Robert Bresson dans ses *Notes sur le cinématographe*. Mais chez Vincent, la relation photographe/modèle est aussi collaborative : « Je leur dis qu'il faut que l'on cherche et que l'on trouve ensemble ». Des séances s'ensuivent, courtes et harassantes. Dans sa tête défilent les figures des modèles d'antan, sorties des toiles de Modigliani, Kisling, Foujita... Peu à peu, les images prennent corps. Superposant le passé au présent, avec la volonté de sortir hors du temps, Vincent Perez convoque les fantômes. Comme dans *L'invention de Morel* d'Adolfo Bioy Casares, son appareil photo fonctionne comme une machine à images qui n'enregistre pas la réalité mais

Vincent Perez, who has always been passionate about painting and sculpture, was inspired by this utilitarian aspect and chose to use professional models.

In 2019, he decided to settle in the studio of the famous Académie de la Grande Chaumière in Paris. He developed a precise system and protocol. Deciding against the use of digital technology, he opted for film photography, shooting in black-and-white with a medium-format camera, a Contax 645 equipped with an 90mm lens. In this legendary studio, which has remained unchanged for over a century and was home to almost all the painters of the École de Paris, particularly those of the Montparnasse movement of the 1920s, he made use of the natural light that streams through the large glass roof.

He established a trusting but neutral relationship with his models, Élise, Zoé, Annie, Francesca, and Monika among others. The models, who have no identity, unlike the characters portrayed by actors, can be modelled at will by the painter, sculptor, or photographer. Robert Bresson once said in *Notes on the cinematographer*: "Against actors' self-assurance, stands the charm of models, who do not know what they are." But with Vincent, the photographer/model relationship is also a collaborative one: "I tell them that we have to search and to find together." Short but demanding sessions followed. The figures of the models of yesteryear, taken from the canvases of Modigliani, Kisling, Foujita, flashed past in his mind's eye. Little by little, the images took shape. Superimposing the past onto the present, with a desire to step out of time, Vincent Perez conjured up ghosts. As in Adolfo Bioy Casares's *The Invention of Morel*, Perez's camera works like an image machine that does not so much record reality as produce it. In the Argentinian writer's work, the narrator, a refugee on a desert island, witnesses the appearance of a group of characters at every tide, gradually realising that they are nothing more than holograms. Standing out among them is a female figure, Faustine, with whom he falls in love. For Vincent Perez, Kiki de Montparnasse replaced

la produit. Dans l'œuvre de l'écrivain argentin, le narrateur, réfugié sur une île déserte, assiste, à chaque marée, à l'apparition d'un groupe de personnages dont il comprend peu à peu qu'ils ne sont que des hologrammes. Parmi eux se détache une figure féminine, Faustine, dont il tombe amoureux. Pour Vincent Perez, Kiki de Montparnasse a remplacé Faustine : « J'ai fait des mois de recherche pour me rapprocher de cette femme, comme si, avec ces images, j'avais attrapé un bout de son esprit qui m'invitait dans son histoire ».

Le résultat est troublant. Un mélange subtil de poses académiques et de réminiscences picturales et photographiques confère à ces nus une résonance particulière. Le grain de l'image se confond avec le grain de la peau. Les corps nimbés d'une lumière changeante sortent parfois de l'ombre comme dépouillés de tout. Il ne reste que la forme. C'est le génie du lieu qui opère. L'originalité de ce travail tient à ce fragile fil rouge qui relie, à travers la culture, le regard du photographe à son monde intérieur. Ses nus sont ainsi d'abord des projections mentales. « Existe-t-il des fantômes d'actions ? Des fantômes de nos actions passées ? » interroge Man Ray dans le film *Les Mystères du Château du Dé*. « Les minutes vécues ne laissent-elles pas les traces concrètes dans l'air et sur la terre ? » Mais Vincent Perez est un homme d'image qui reste avant tout un cinéaste. Sensible au décor et au mouvement, il compose sa série sur le nu à la manière d'un « storyboard ». Dans cet univers très personnel, ces femmes, choisies pourtant pour leur neutralité, semblent en quête d'identité. Leur nudité nous renvoie à l'histoire des relations entre l'artiste et son modèle.

L'originalité de ces nus tient ainsi à l'ambiguïté de leur statut. Ils ne relèvent pas seulement d'un genre photographique. Ils s'apparentent à un lent travail de repérage comme pour un film à venir. Et ce livre qui les rassemble est un témoignage vibrant et prémonitoire qui nous permet de pénétrer dans les arcanes d'une création en devenir.

Faustine: "I did months of research to get closer to this woman, as if, with these images, I had caught a piece of her spirit that invited me into her story."

The result is haunting. A subtle blend of academic poses and pictorial and photographic reminiscences gives these nudes a special resonance. The grain of the image merges with the grain of the skin. The bodies, bathed in changing light, sometimes emerge from the shadows as if stripped of everything. All that remains is the form. The genius of the place was at work. The originality of this work lies in the fragile thread that, through culture, connects the photographer's gaze to his inner world. His nudes are first and foremost mental projections. "Are there ghosts of actions? Ghosts of our past actions?" asked Man Ray in the film *Les Mystères du Château du Dé*. "Don't minutes lived leave concrete traces in the air and on the earth?" But Vincent Perez is a man of images who remains first and foremost a filmmaker. Sensitive to setting and movement, he composes his nude series in the manner of a storyboard. In this highly personal universe, these women, chosen for their neutrality, seem to be searching for their identity. Their nudity takes us back to the history of the relationship between artist and model.

The originality of these nudes lies in the ambiguity of their status. They are not just a photographic genre. They are like a slow process of scouting a location, as if for a forthcoming film. This book, which brings them together, is a vibrant and premonitory document that allows us to penetrate the mysteries of a creation in the making.

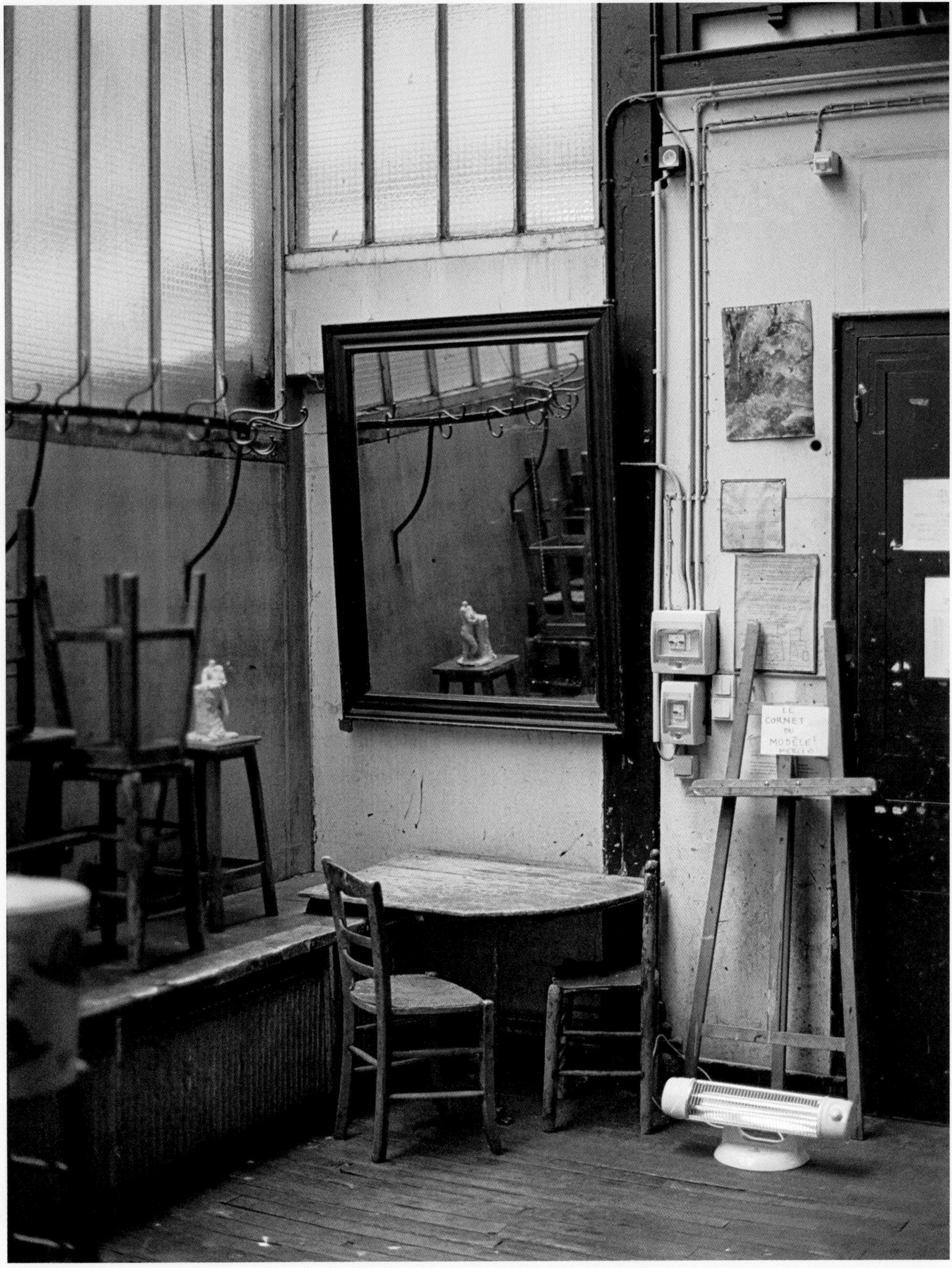

L'atelier
The workshop

**VINCENT PEREZ**
**Ombres et lumières** | Lights and shadows

FR.

Durant les premières années de mon existence, jusqu'à l'adolescence, j'étais persuadé que j'allais devenir peintre, mon chemin était tracé, je vivais un crayon à la main, je dessinais tout ce qui m'entourait, les paysages, les visages, les objets, mes mains…

Sous mon pinceau, les ombres donnaient du relief aux formes, un monde se dévoilait, un monde dans lequel je me sentais naturellement à ma place.

Je m'émerveillais devant les œuvres des impressionnistes, devant la sculpture aussi. Je me souviens encore de mon sentiment de fascination lorsque j'ai découvert pour la première fois *La Danaïde* de Rodin, le nu de cette femme recroquevillée sur elle-même, dans ce marbre blanc et lisse, comme si elle venait de s'y installer pour l'éternité.

Dans la maison de mon enfance, au dernier étage, entre la table à repasser et les paniers à linge, était accrochée une reproduction du *Semeur au soleil couchant* de Vincent van Gogh : on y voyait un homme en contre-jour, un halo sur la tête – le soleil couchant – ; la silhouette semant des graines sur un champ de terre fraîchement labouré, avec à ses côtés, un arbre tortueux. J'ai grandi avec ce tableau, je ne le comprenais pas, mais j'étais attiré par lui, il me questionnait, me faisait peur et me fascinait, je sentais sa présence. L'homme existait-il vraiment ou était-ce un esprit, semant des pépites d'âmes ?

Au même étage, ma petite chambre d'enfant était tapissée de planètes et de fusées. Je me mettais à mon bureau et à coups de crayon, je libérais mon imagination, je dessinais pendant des heures des corps, des visages, des animaux, des histoires…

À l'adolescence, je découvris, au cours de nos voyages d'été en Espagne, Picasso, Dalí, Goya, puis de retour en Suisse, Balthus. J'admirais les formes, les visages, les couleurs, les traits, les courbes, les corps et les

UK.

For the first few years of my life, until I was a teenager, I was convinced that I was going to become a painter. My path was all laid out, I always had a pencil in my hand and drew everything around me—landscapes, faces, objects, my hands.

Under my brush, the shadows gave depth to the shapes and a world revealed itself, one in which I naturally felt at home.

I marvelled at the works of the Impressionists and at sculpture, too. I can still remember how fascinated I was when I first saw Rodin's *La Danaïde*, the nude of that woman curled up inside herself, in that smooth white marble, as if she had just settled there for eternity.

In my childhood home, on the top floor, between the ironing board and the laundry baskets, hung a reproduction of Vincent van Gogh's *The Sower*. It depicted a man, backlit with the setting sun forming a halo over his head, sowing seeds in a freshly ploughed field of earth, with a twisted tree at his side. I grew up with this painting. I didn't understand it, but I was drawn to it, it spoke to me, frightened me, and fascinated me—I could feel its presence. Did the man really exist or was he a spirit, sowing seeds of souls?

On the same floor, my childhood bedroom was wallpapered with planets and rockets. I'd sit down at my desk and use my pencil to unleash my imagination, drawing bodies, faces, animals, and stories for hours on end.

When I was a teenager, I discovered Picasso, Dalí, and Goya on our summer trips to Spain, and then Balthus back in Switzerland. I admired the shapes, the faces, the colours, the lines, the curves, the bodies, and the presence. I marvelled at these beings frozen in time, inhabiting the canvas in scenes of human comedy from an imaginary world—that of the great masters.

présences. J'étais émerveillé par ces êtres figés dans le temps, habitant la toile dans des scènes de comédie humaine d'un monde imaginaire, celui des grands maîtres.

Par la suite, j'ai admiré l'esthète Klimt, le tortueux Egon Schiele, les peintres berlinois des années vingt, Otto Dix, puis Matisse, Renoir, et tant d'autres… L'incarnation de la beauté, l'invocation d'un autre temps.

Later, I admired the aesthete Klimt, the tortuous Egon Schiele, the Berlin painters of the 1920s, Otto Dix, then Matisse, Renoir, and so many others. The embodiment of beauty, the invocation of another time.

## LES FANTÔMES DE MONTPARNASSE
### Bien des années plus tard…

## THE GHOSTS OF MONTPARNASSE
### Many years later…

À l'adolescence, la photographie est entrée dans ma vie. Je passais beaucoup de temps dans les cuves d'un laboratoire à développer des images, tout en suivant les cours de l'école de photographie du Centre Doret à Vevey en Suisse. J'admirais les photographies humanistes d'Henri Cartier-Bresson, Robert Doisneau, Willy Ronis… Puis je me suis tourné vers Irving Penn dont j'admire chaque photographie. Avedon et tant d'autres ont forgé mon goût esthétique, et j'assume entièrement leur influence sur mon travail.

Depuis, la photographie m'a toujours accompagné : je la retrouve dans mon travail de réalisateur, dans la construction de mes plans, dans mes références visuelles.

Lors de la création de mon premier livre de photographie en 2017, *Un voyage en Russie*, aux éditions Delpire, j'ai photographié un peintre et son modèle dans un atelier de Saint-Pétersbourg. Il y eut alors comme un alignement de planètes : la peinture a rejoint la photographie… Ou plutôt, c'est la photographie qui a rejoint la peinture. Par la suite, une succession de rencontres m'ont mené dans les ateliers de Montparnasse,

When I was a teenager, photography became part of my life. I spent a lot of time amongst the trays in the darkroom developing images, while taking classes at the Centre Doret photography school in Vevey, Switzerland. I admired the humanist photographs of Henri Cartier-Bresson, Robert Doisneau, and Willy Ronis. Then I turned to Irving Penn, whose every photograph I admire. Richard Avedon and so many others have shaped my aesthetic taste, and I fully accept their influence on my work.

Since then, photography has always been with me: I find it in my work as a director, in the way my shots are constructed, in my visual references.

When I made my first photography book in 2017, *Un voyage en Russie*, published by Delpire, I photographed a painter and his model in a studio in Saint Petersburg. It was as if the planets had aligned: painting met photography, or rather, it was photography that met painting. After that, a series of encounters led me to the studios of Montparnasse, where so many of the painters I admired had gone to school. The idea of rediscovering the magic of painters' studios was

où tant de peintres que j'admirais avaient fait école. L'idée de retrouver la magie des ateliers de peintres prenait forme. Je visite le fameux atelier rue de la Grande-Chaumière, resté en l'état depuis la fin du XIX<sup>e</sup> siècle (mille cinq cents élèves y passent encore chaque mois : c'est une institution). Laure Lamendin me fait rencontrer Bénédicte Caillat, qui est elle-même artiste et s'occupe de l'atelier. Bénédicte est d'accord pour nous ouvrir les portes de l'académie. Elle me parle de modèles et fait en sorte que je les rencontre.

J'explique mon idée de faire de la photographie d'art, de rendre hommage aux modèles et aux lumières d'un autre temps et peut-être ainsi, d'invoquer les fantômes du lieu. Moïse Kisling, Modigliani, Kiki... ceux de l'École de Paris, le fameux Montparnasse des années vingt.

Je prends mon fond (ma « peau d'éléphant » comme j'aime l'appeler), une toile peinte de plusieurs couches de gris, qui commence à avoir vécu, et j'emporte mon appareil moyen format.

Les modèles vivants, comme on les nomme dans le jargon de la peinture, arrivent : Élise, Fanny, Zoé... Un échange rapide, j'explique le sujet du livre... Je leur dis qu'il faut que l'on cherche et que l'on trouve ensemble. Je leur montre des exemples de tableaux de grands peintres ; très vite je me retrouve face à la matière, au corps, à des individus, des sensibilités.

Ce corps si visité, entre érotisme et tous ses dérivés possibles, il est comme un pays trop photographié. Je crains la banalité, que mon regard ne trouve pas sa voie.

Après une première tentative en numérique, je ne suis pas satisfait du rendu trop cru du digital, j'ai le sentiment que le rapport au temps n'est pas le même. L'argentique donne l'impression d'une intemporalité, j'ai la sensation que l'on capture l'âme des choses

taking shape. I visited the famous studio on rue de la Grande-Chaumière, which had remained unchanged since the end of the nineteenth century (1,500 students still go there every month: it is a true institution). Laure Lamendin introduced me to the artist Bénédicte Caillat who looks after the studio. Bénédicte agreed to open the doors of the academy to us. She talked to me about models and arranged for me to meet them.

I explained my photographic project of paying homage to the models and the lights of another time, and perhaps in this way, invoking the ghosts of the place. Moïse Kisling, Modigliani, Kiki... those of the École de Paris, the famous Montparnasse of the 1920s.

I brought my backdrop (my "elephant skin" as I like to call it), a canvas painted in several layers of grey, which is starting to look a little worn, and my medium-format camera with me.

The live models (as they are known in painting jargon) arrived: Élise, Fanny, Zoé. In a brief exchange I explained the subject of the book. I told them that we needed to search and find things together. I showed them examples of paintings by great artists, and very quickly was faced with the material: the body, individuals and sensibilities.

This body, so visited, between eroticism and all its possible derivatives, is like a country that has been photographed too much. I fear banality, that my gaze wouldn't find its way.

After a first attempt with a digital camera, I was not satisfied with its overly raw rendering. I have the feeling that its relationship with time isn't the same. Film gives a sense of timelessness. I feel that one can capture the soul of things with film, that it can convey more mystery. The moment of shooting is more sacred. That's my feeling, and it shows in the image. I decided to take my old film companion, a medium format Contax 645, and a 90 mm lens which has a beautiful palette of blurs. I love its modulation and

en argentique, j'y trouve davantage de mystère sur la pellicule. Le moment de la prise de vue est plus sacré. C'est mon sentiment, et il se ressent sur l'image. Je décide de prendre mon vieux compagnon argentique, un moyen format, le Contax 645, et un objectif 90 millimètres : l'objectif a une belle palette de flous, j'aime son modulé, sa profondeur de champ, que je connais intimement. Tout est beau à travers lui. Je prends des pellicules à diverses sensibilités. Le grain photographique apportera cette magie supplémentaire... Et puis, bien sûr, je me servirai de l'éclairage naturel de l'atelier, avec des draps blancs pour refléter la lumière dans les ombres trop obscures.

Je rencontre d'autres modèles : Francesca, Annie... Elles sont très concentrées. Lors des séances, peu de mots sont échangés, on cherche ensemble, jusqu'à ce que l'œuvre apparaisse. Je me retrouve comme le peintre qui cherche une force, qui sculpte, ou qui peint, avec les ombres et les lumières qui descendent de la grande verrière, du grand atelier.

Je pense à Brassaï, à Irving Penn, Émile Savitry, Man Ray, je pense aux peintres Foujita, Soutine, Picabia, Duchamp, Kisling, Modigliani et tant d'autres : ils ont connu ces lumières précises ici, dans ce même atelier, un siècle plus tôt. C'est une émotion particulière. Le mouvement du soleil derrière les nuages influe sur la lumière et offre des variantes infimes. Des courbes et des lignes se dessinent. La grâce prend. Le modèle devient un tableau vivant, c'est magique. Je suis émerveillé, très ému, je garde tout pour moi, il ne faut surtout pas déranger le naturel. J'ai trouvé ma palette, mes modèles, le travail commence.

« À toi de trouver ton chemin ! » m'encourage mon ami Jean-Luc Monterosso, à qui je montre mes premières images.

À la troisième séance, nous trouvons les lignes, elles se répondent, elles créent maintenant un mouvement, une rythmique.

depth of field, which I know so well. Everything becomes beautiful through it. I used different film speeds. The photographic grain brought that extra magic... And then, of course, I used the natural lighting of the studio, with white sheets to reflect the light in the shadows that were too dark.

I met other models: Francesca, Annie. They were highly concentrated. During the sessions, very few words were spoken. We searched together, until the work appeared. I found myself like a painter looking for strength, sculpting or painting with the light pouring down from the large glass roof and the shadows of the big studio.

I thought of Brassaï, Irving Penn, Émile Savitry, Man Ray; of the painters Foujita, Soutine, Picabia, Duchamp, Kisling, Modigliani, and so many others. They experienced this precise light here, in this very studio, a century earlier. That is a very special feeling. The movement of the sun behind the clouds influenced the light, offering minute variations. Curves and lines emerged. Gracefulness took hold. The model became a living painting—it was magical. I was filled with wonder and emotion, but kept everything to myself. The most important thing is not to disturb the natural. I had found my palette and my models; the work began.

My friend Jean-Luc Monterosso, to whom I showed my first images, encouraged me: "It's up to you to find your way!"

In the third session, we found the lines. They responded to each other, created a movement, a rhythm.

Some of the models have a gift for posing, as if they could perceive the play of natural light on their bodies, like dancers in the stillness. Nudity is timeless, and that speaks to me, as that is what I'm looking for in my photography, this "stepping out of time".

When I look at an old photograph, I'm transported back to the moment when the image was taken, to

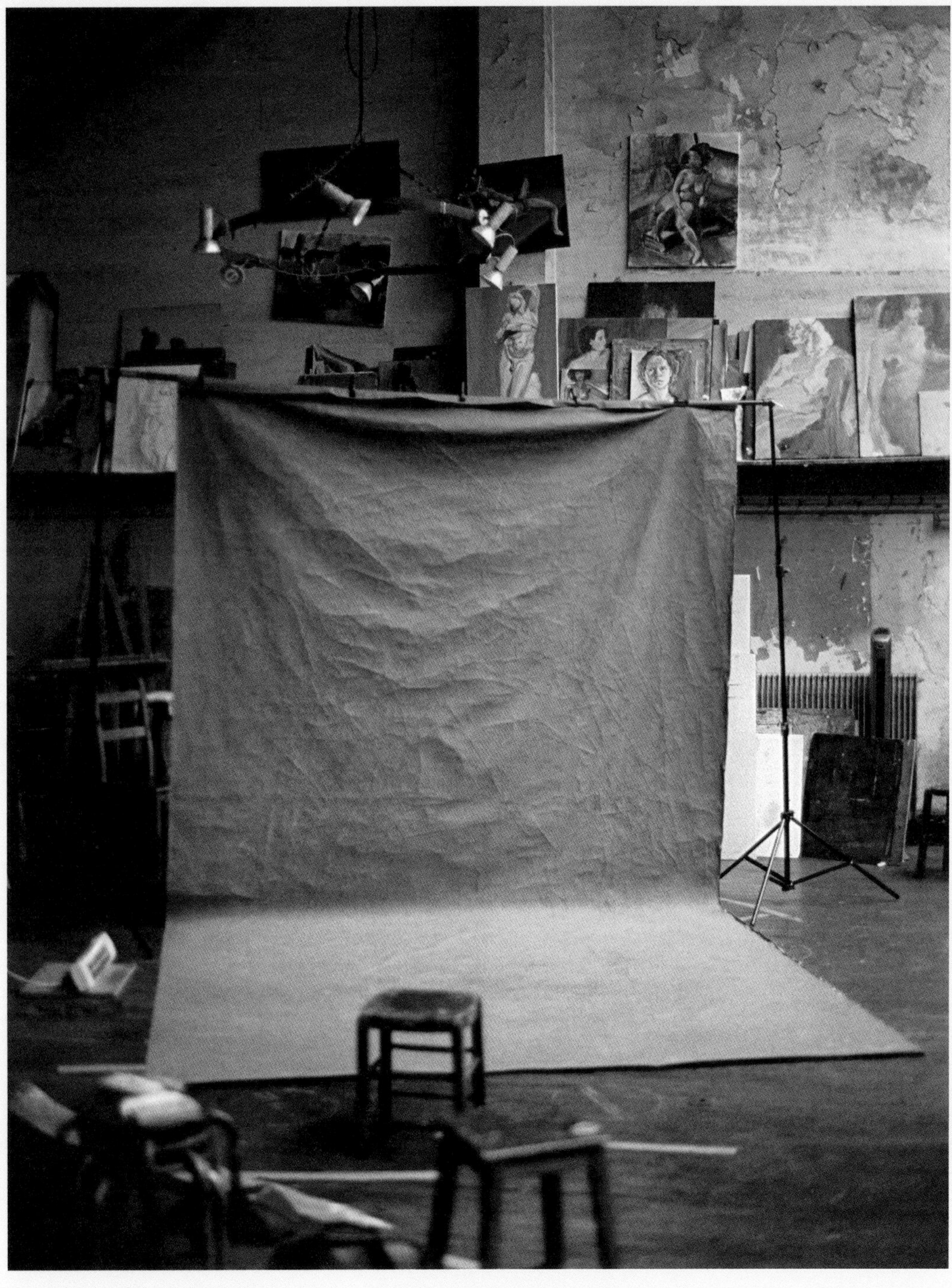

La « peau d'éléphant »
The "elephant skin"

Certains modèles ont le don de la pose, comme si elles percevaient le jeu des lumières naturelles sur leur corps ; elles sont comme des danseuses de l'immobile. La nudité est intemporelle, et je m'y retrouve, car c'est un peu ce que je recherche dans ma photographie, ce « sortir du temps ».

Lorsque je regarde une photo ancienne, je suis projeté dans l'instant où cette image a été prise. Je me transporte dans cet ailleurs inconnu. La photographie argentique capture mieux l'aura des individus, j'en suis certain maintenant. Durant les premières séances, je restais plus en distance avec les modèles : la présence féminine, la pudeur, les frontières à définir.
Au début je ne m'intéressais qu'à l'image que je cherchais, mais en chemin, j'y ai trouvé des modèles qui savent accompagner le regard du peintre, ici en l'occurrence celui du photographe. Le corps alors se transforme en tableau vivant, mon regard s'éduque, une simplicité s'installe, le modèle se relâche avec sa confiance, ma confiance. Ne pas craindre de ne pas savoir et simplement chercher, essayer, puis essayer encore, jusqu'à ce que tout à coup, l'image se révèle.

Je découvre les dos comme des coquillages, les rondeurs comme les fruits de l'humanité, la maternité, la sensualité, la maison de la vie, le cycle du temps... Tout se mêle. Certains modèles n'ont pas la même maîtrise que d'autres, elles cherchent, on cherche ensemble, elles proposent. Puis entre deux poses, là, une émotion, une solitude, une gravité, un abandon fait soudainement œuvre.

Chaque séance est éprouvante et demande une concentration totale. Elles sont courtes, intenses, la magie prend ou ne prend pas, on la cherche, on se bat. Peu à peu, je me sers mieux de la lumière naturelle, les contre-jours sculptent les formes. Le mouvement du soleil derrière la verrière, même quand il pleut, transforme l'instant comme si une lumière divine et profonde venait de l'au-delà.

an unknown place. Film photography is better able to capture the individual's aura, I'm sure of that now. During the first sessions, I kept my distance from the models: their feminine presence, the modesty, the boundaries that had to be defined. At first, I was only interested in the image I was looking for, but along the way, I found models who knew how to accompany the painter's gaze—or in this case, that of the photographer. The body transformed into a living painting, educating my gaze, establishing a simplicity. The model relaxed with her confidence, and mine. Not fearing uncertainty, I simply looked, tried and tried again, until suddenly the image revealed itself.

I discovered backs like shells, curves like the fruits of humanity, maternity, sensuality, the house of life, the cycle of time... Everything blended together.
Some models didn't have the same mastery as others; they searched, we searched together, they made suggestions. Then, between two poses, an emotion, a solitude, a gravity, an abandonment suddenly took over.

Each session was demanding and required total concentration. They were short, intense. The magic either works or it doesn't, you search for it, you fight for it. Little by little, I made better use of the natural light, the backlight sculpting the shapes. The movement of the sun behind the glass, even when it's raining, transformed the moment as if a divine and profound light were coming from beyond.

The spirit of Montparnasse visited us; this majestic studio is its magnificent setting. The journey began... Without forcing it, we entered into the soul of the place. Often, this happens in the silence of our five presences: Bénédicte, two or three models waiting in their robes, and myself. The spirit of Alice Prin, known as Kiki de Montparnasse, the model of the great painters... From time to time, I had the impression that she was there.

The models from another era, the painters' gaze, the Montparnasse of the École de Paris all seemed to

LA NUDITÉ EST
INTEMPORELLE
[...] C'EST
UN PEU CE QUE
JE RECHERCHE DANS
MA PHOTOGRAPHIE,
CE « SORTIR
DU TEMPS ».

NUDITY IS
TIMELESS,
AND [...] THAT
IS WHAT I'M
LOOKING FOR IN
MY PHOTOGRAPHY,
THIS "STEPPING
OUT OF TIME".

L'esprit de Montparnasse nous rend visite ; cet atelier majestueux en est le magnifique écrin. Le voyage commence... Sans le forcer, on est entré dans l'âme du lieu. Souvent, cela se fait dans le silence de nos cinq présences : Bénédicte, deux ou trois modèles qui attendent dans leur peignoir, et moi. L'esprit d'Alice Prin, dite Kiki de Montparnasse, le modèle des grands peintres... De temps à autre, j'ai l'impression qu'il est là.

Les modèles d'un autre temps, le regard des peintres, le Montparnasse de l'École de Paris semblent revivre à nouveau derrière les murs de l'atelier. Comme si tout cela existait encore, juste là, au croisement de La Rotonde et du boulevard Raspail. C'était il y a un siècle... Ses habitués sont peut-être encore là, aux terrasses.

Par la suite, c'est l'attente des tirages, les négatifs se retrouvent dans des cuves où ils sont développés. Les images me reviennent quelques jours plus tard : c'est le moment de la récolte, celui où l'on découvre le chemin accompli...

come alive again behind the studio walls. As if it still existed, right there, at the junction of La Rotonde and the Boulevard Raspail. That was a century ago... Its regulars may still be there, on the café terraces.

Afterwards, I waited for the prints to come in, and the negatives were put in tanks to be developed. I received the images a few days later: the time of the harvest is when you discover how far you've come...

VINCENT PEREZ
**Photographies** | Photographs

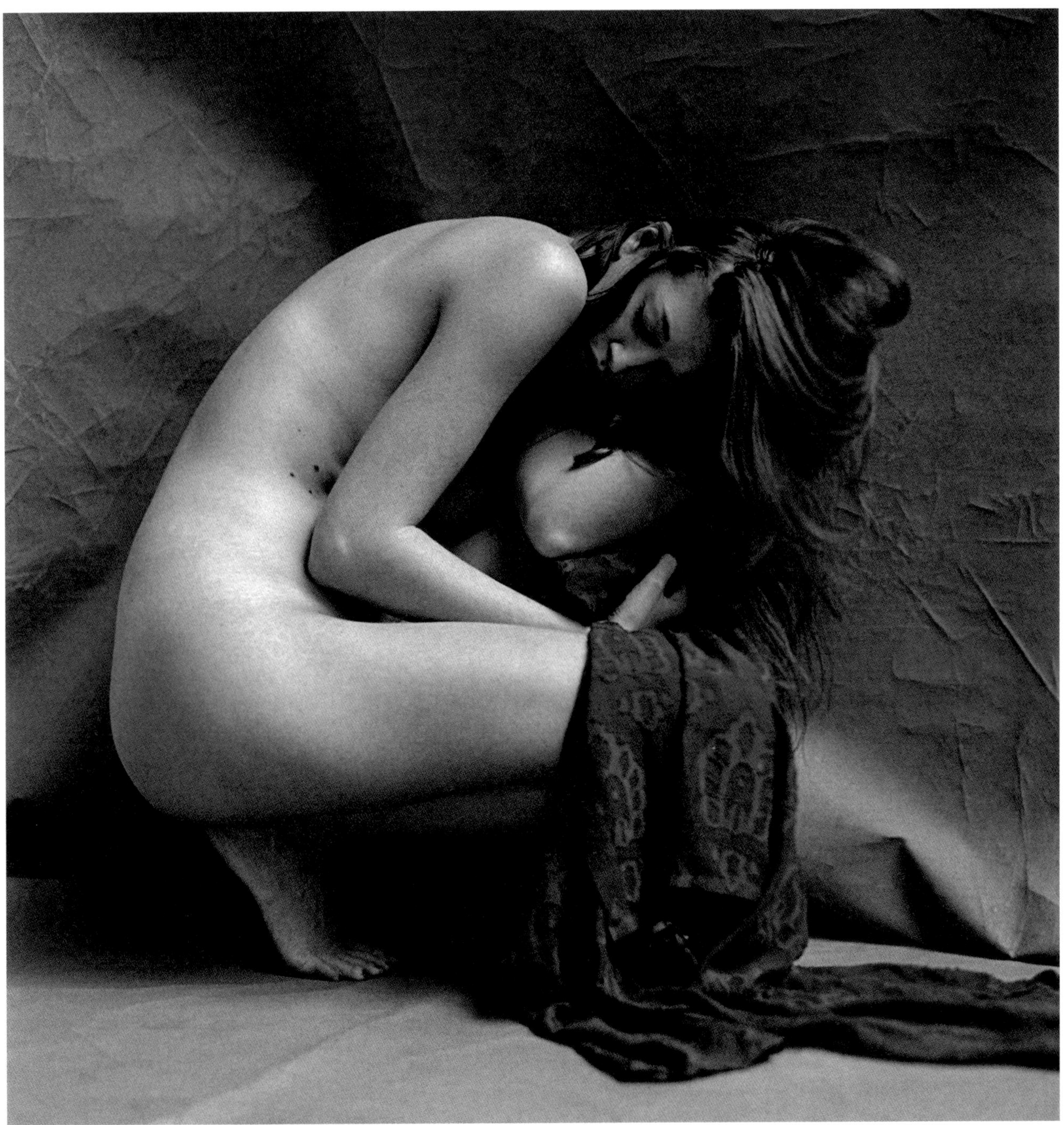

L'attente
Waiting

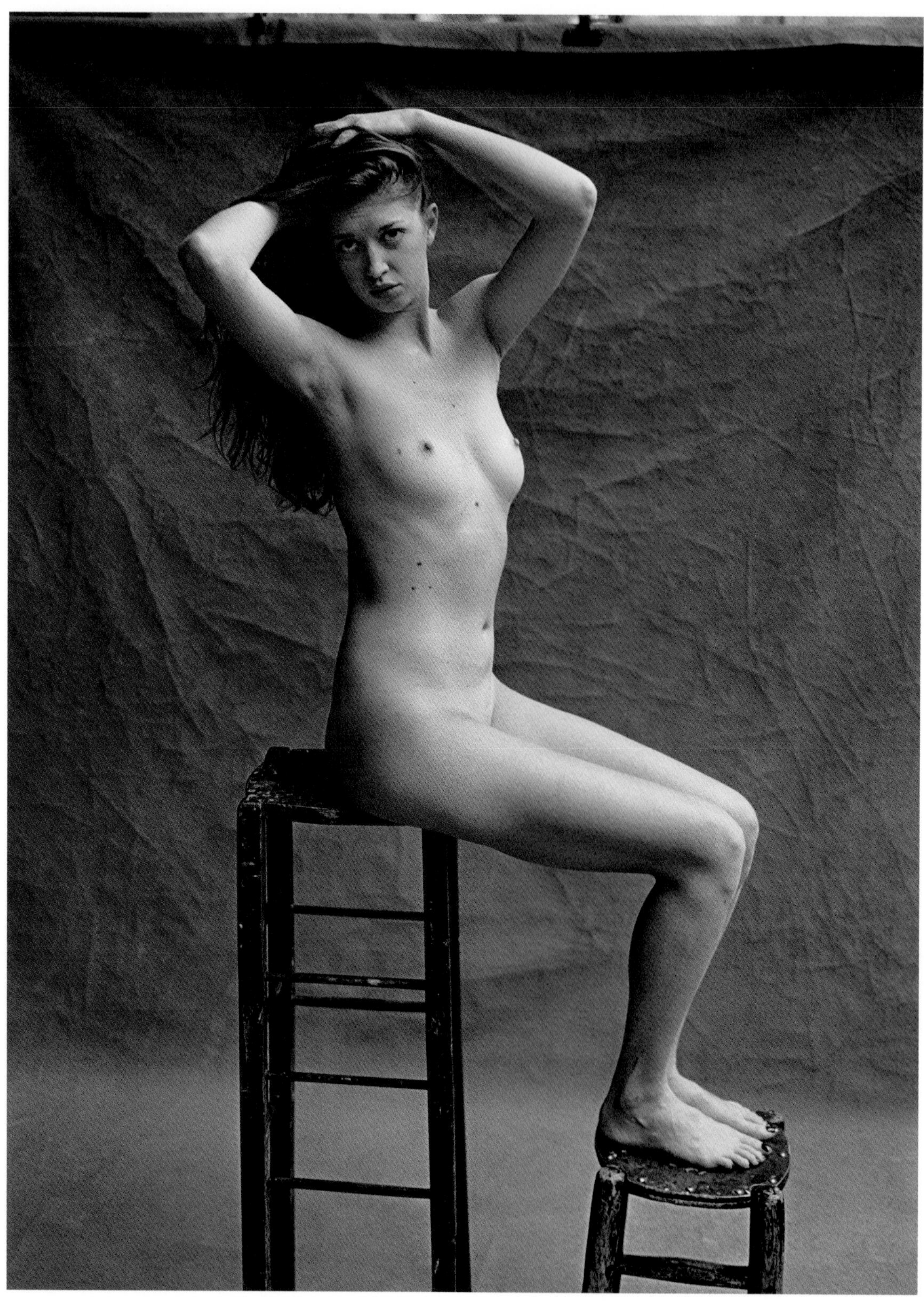

L'arrivée
The arrival

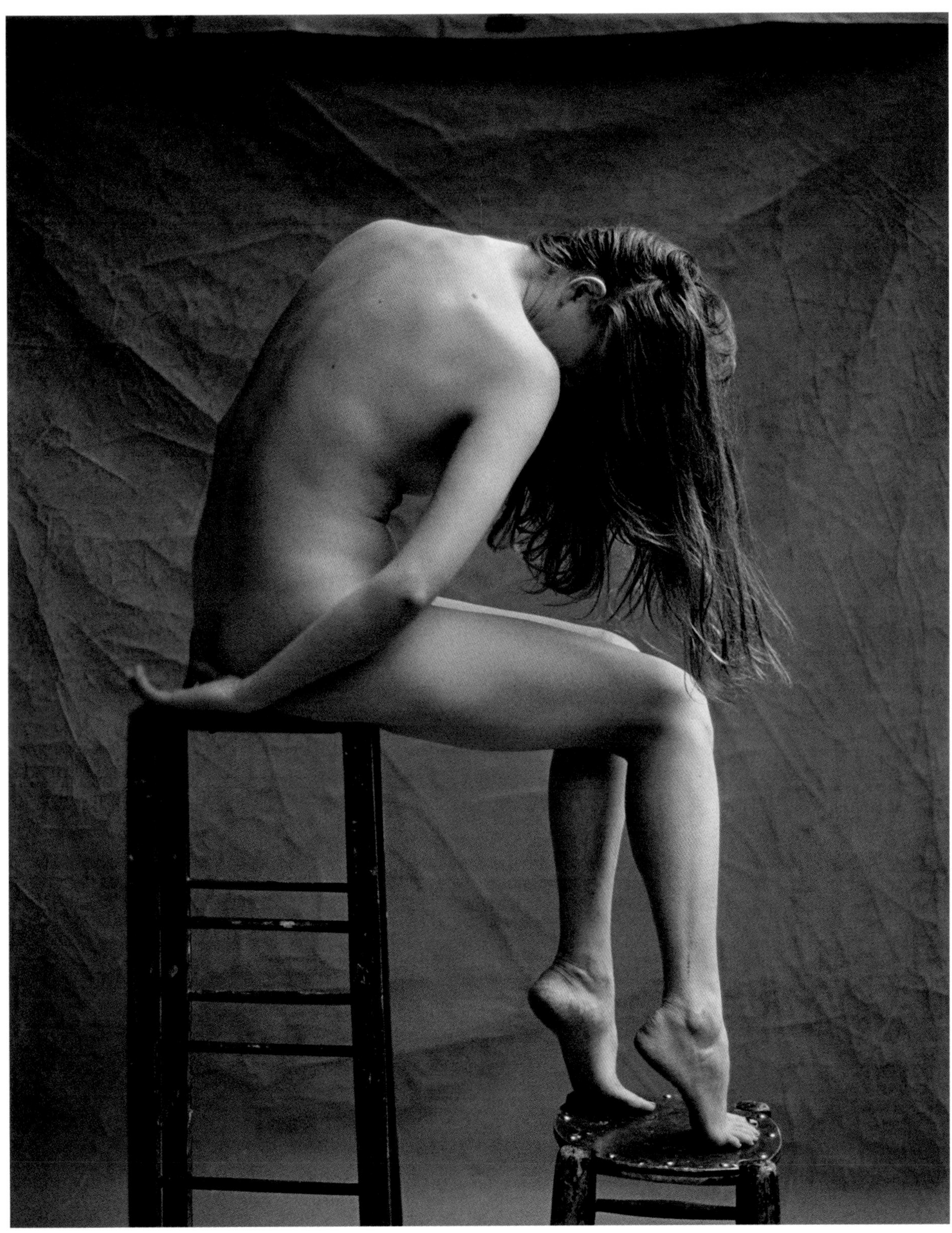

Recourbée
Bent

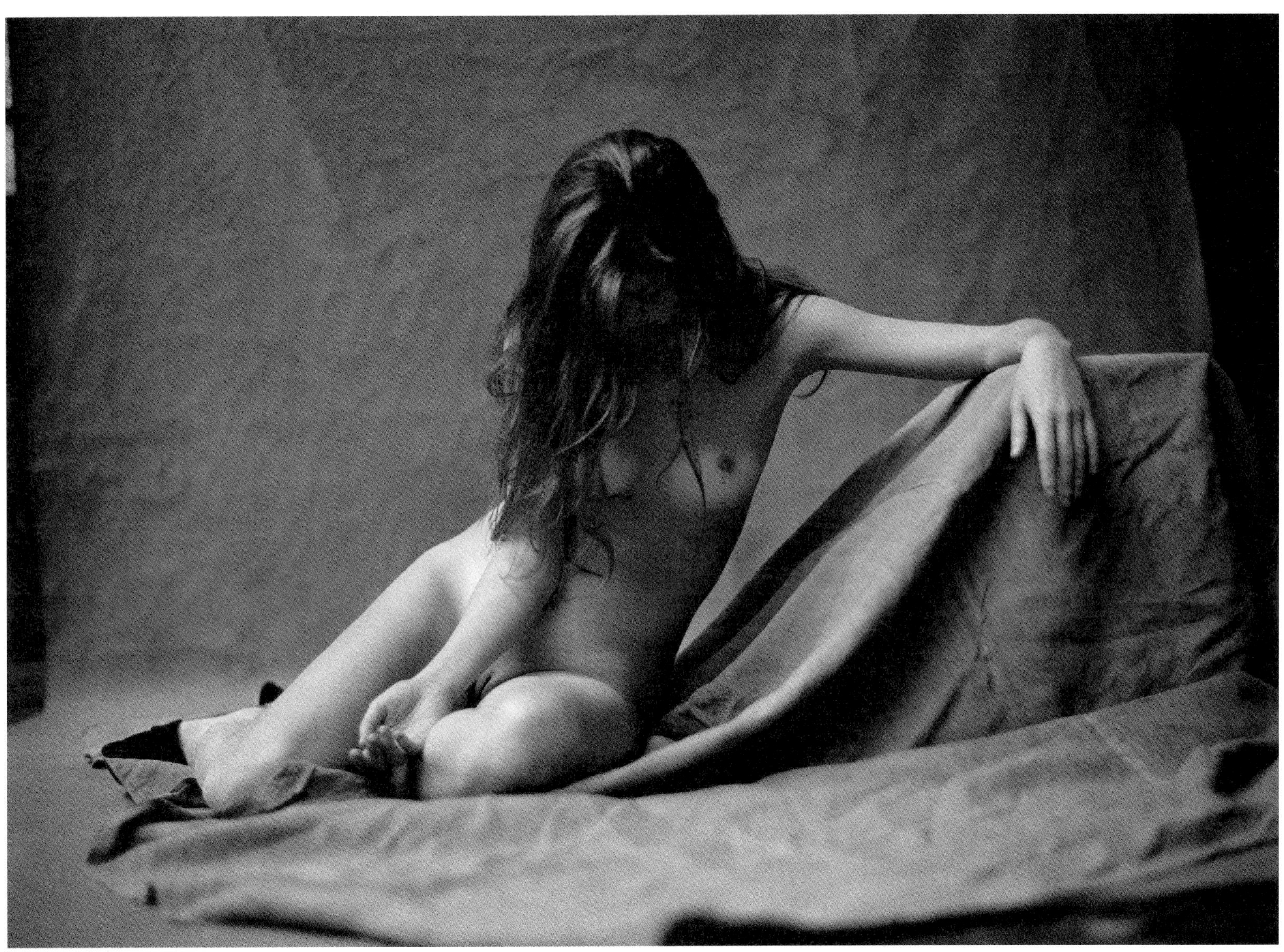

Vulnérable
Vulnerable

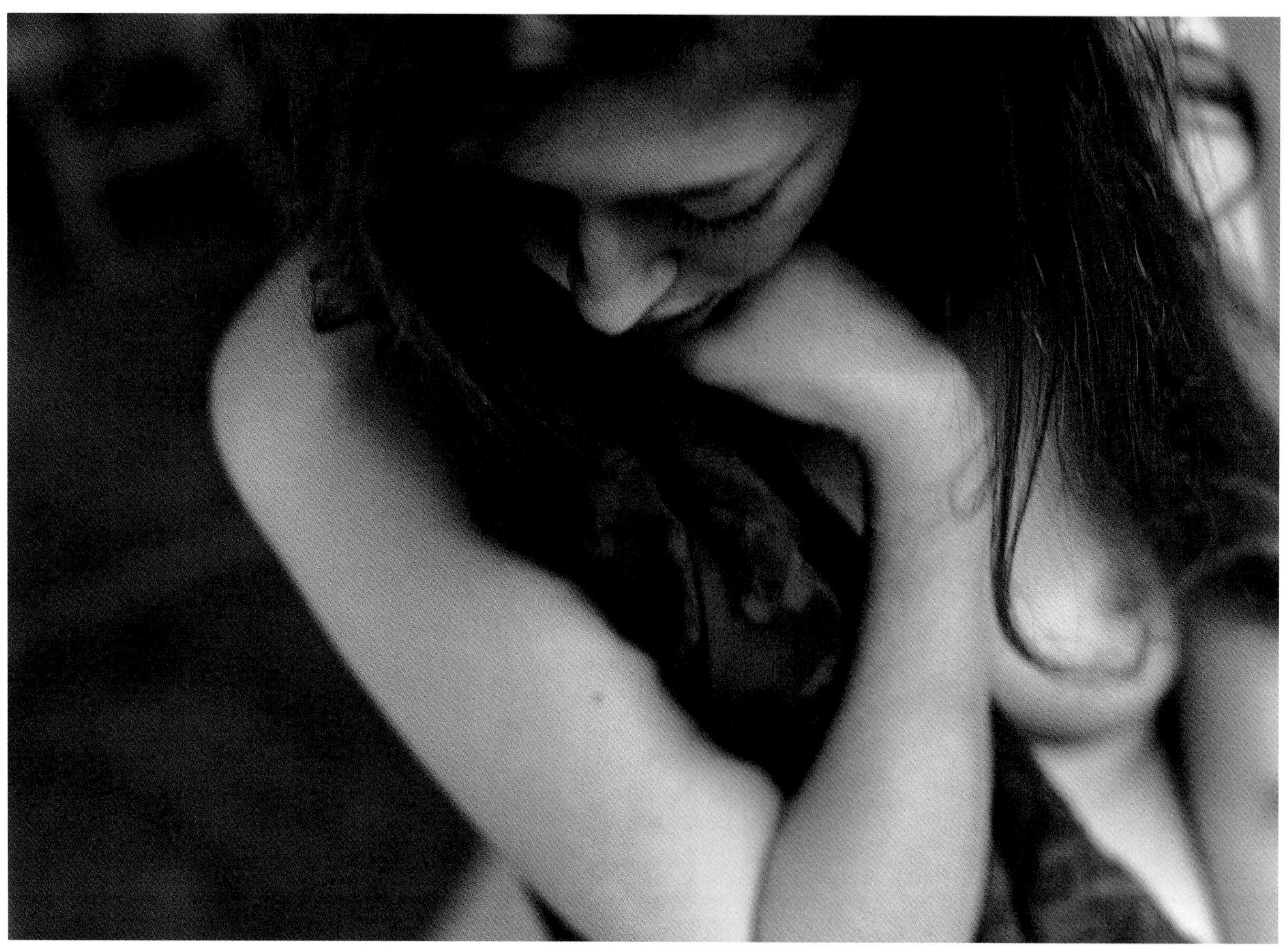

Intimité
Intimacy

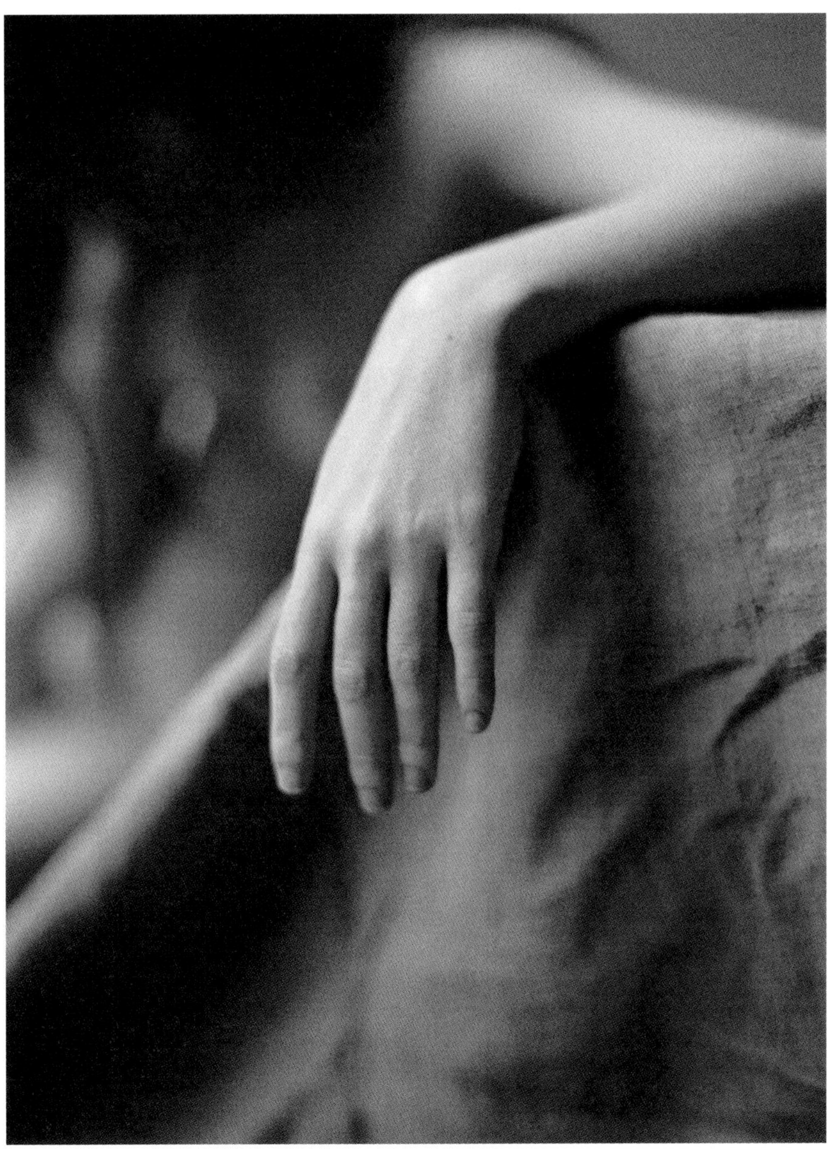

Main seule
Lone hand

34

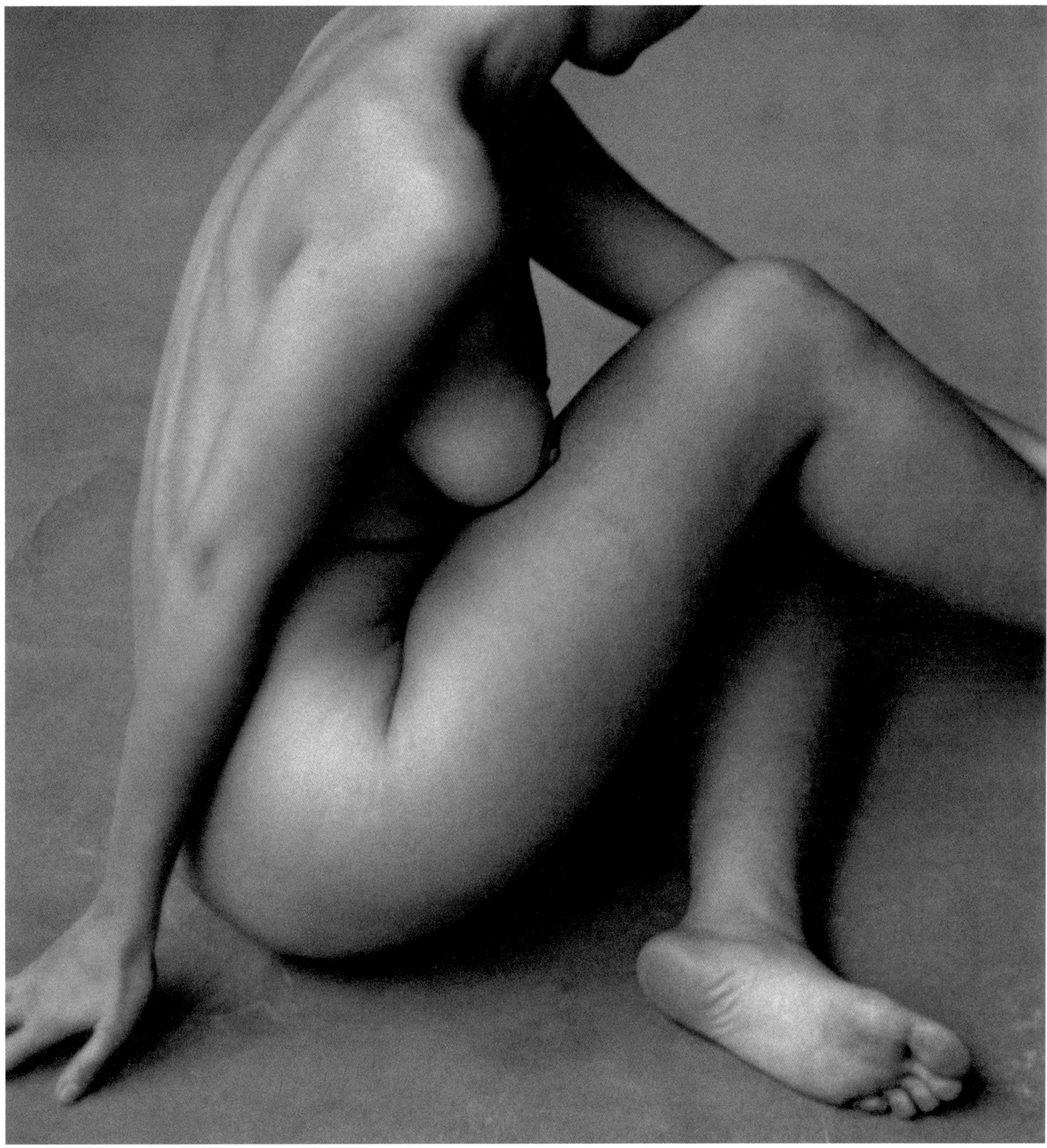

Courbes
Curves

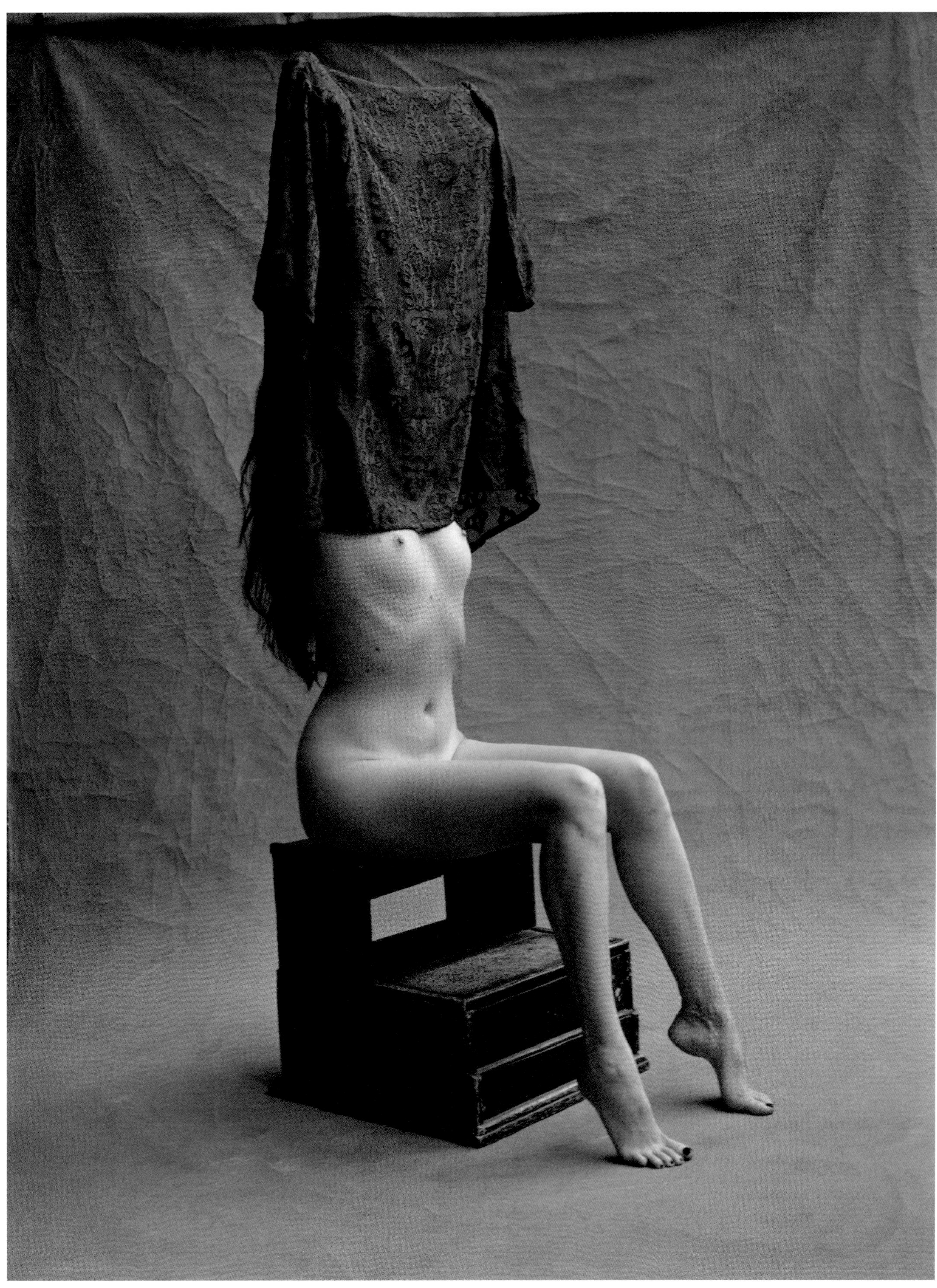

Relevé de pull
Pullover lift

OMBRES ET LUMIÈRES

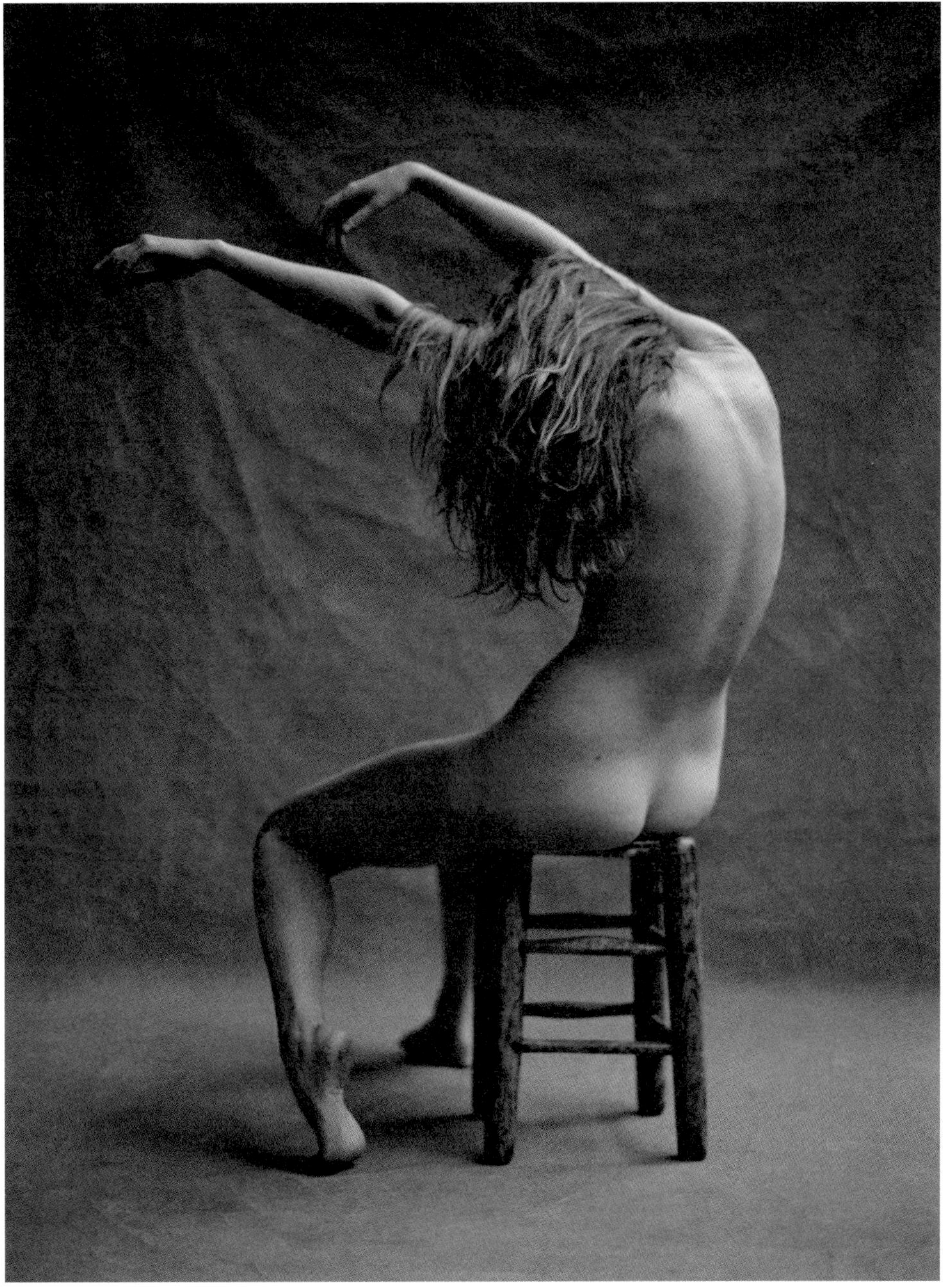

Courbée
Curved

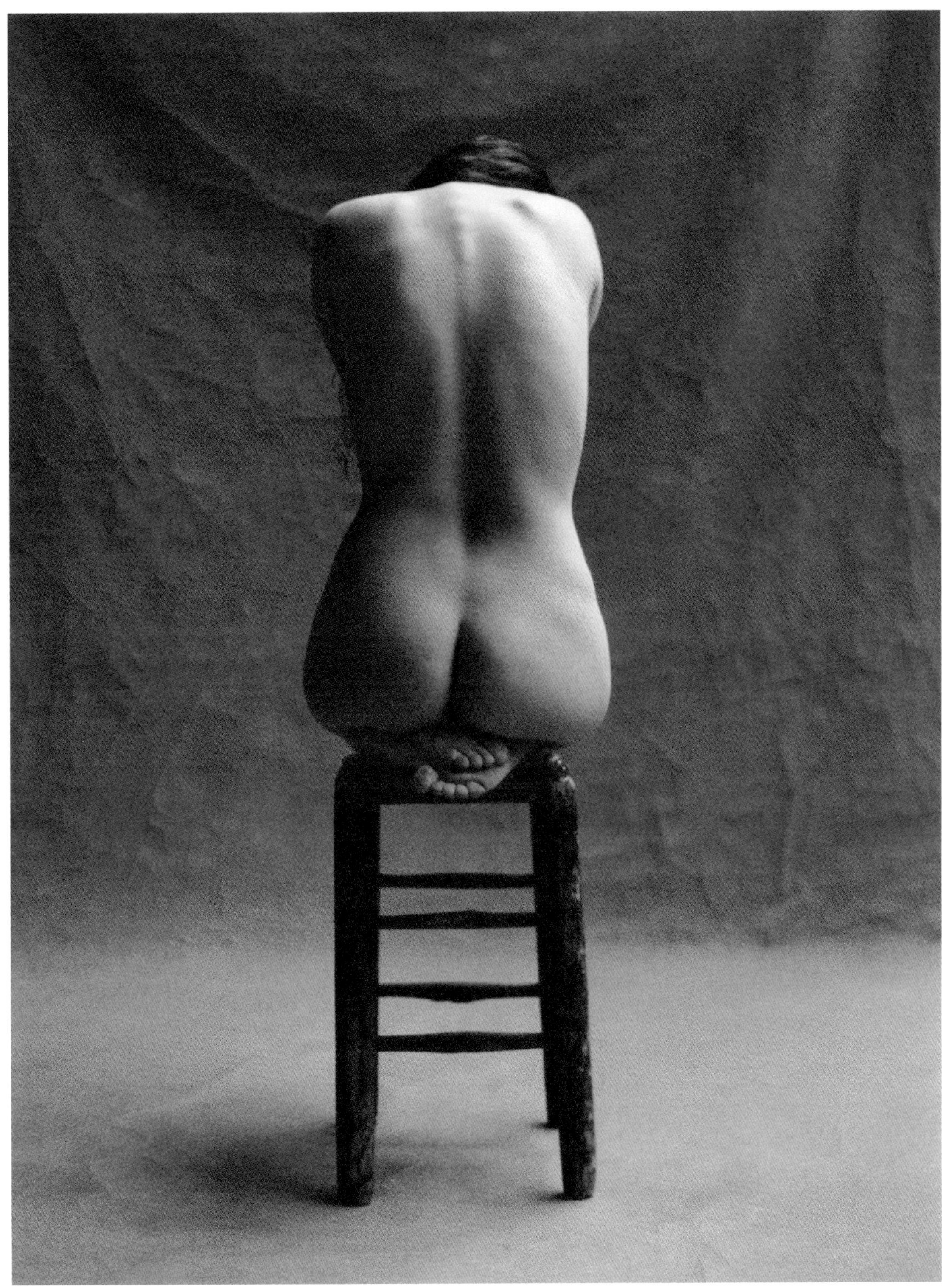

Dos sur tabouret
Back on stool

*Lorsque j'ai commencé à exercer ce métier (avec les encouragements d'un autre photographe!), je voulais que mon corps se prolonge aux yeux du public. Je ne pensais pas que la rencontre se produirait si rapidement et par le biais de la photographie. Deux parmi les six portraits réalisés sont à mes yeux à la fois inouïs et d'une vérité extrême. Merci beaucoup à Vincent d'avoir capturé l'essence de ma féminité, l'histoire de ma famille et le moment dans lequel je me trouvais à l'époque, d'une manière aussi subtile et avec un grand sens artistique de la photographie.*

*When I started out in this profession (with the encouragement of another photographer!), I wanted my body to extend into the public eye. I didn't think it would happen so quickly and through photography. Two of my six portraits are, in my opinion, both extraordinary and extremely truthful. Many thanks to Vincent for capturing the essence of my femininity, my family history, and the moment I was in at the time, in such a subtle way and with a great artistic sense of photography.*

*Monika*

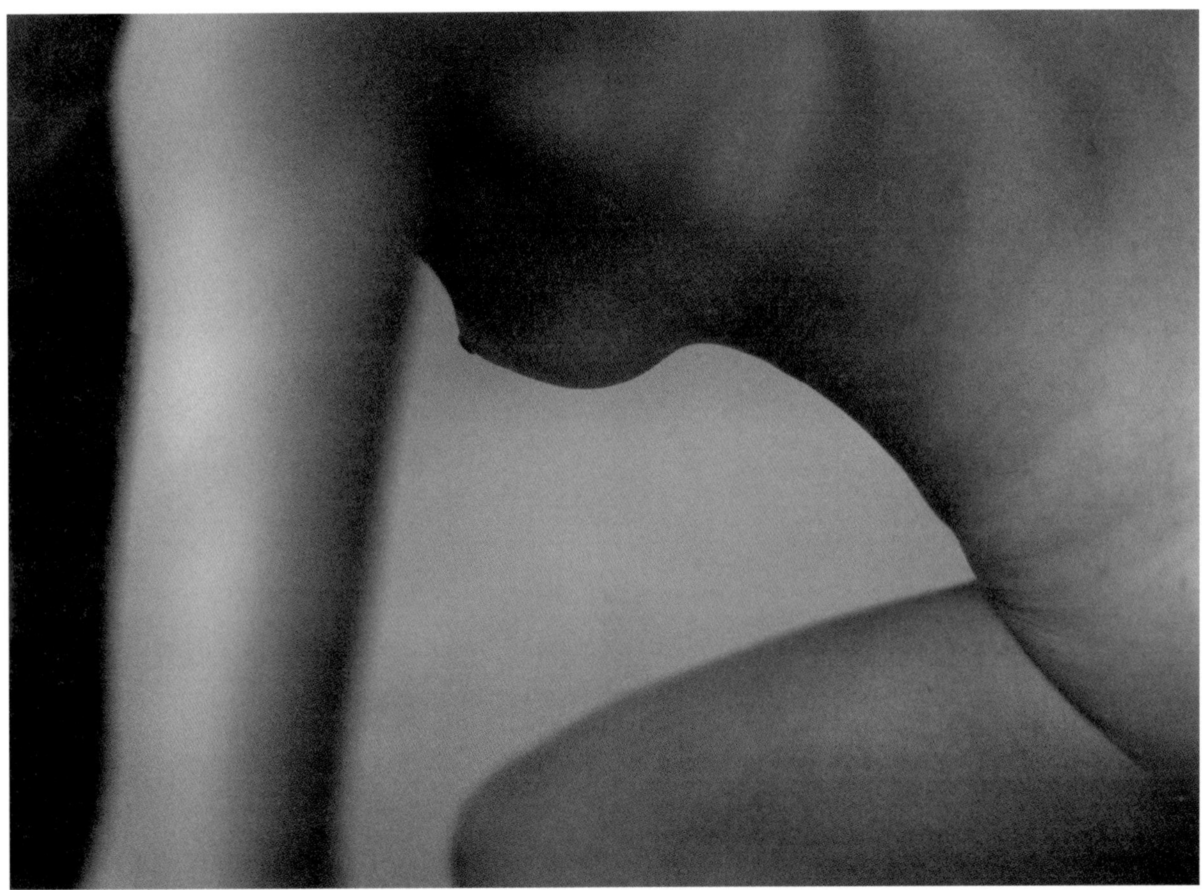

Intime
Intimate

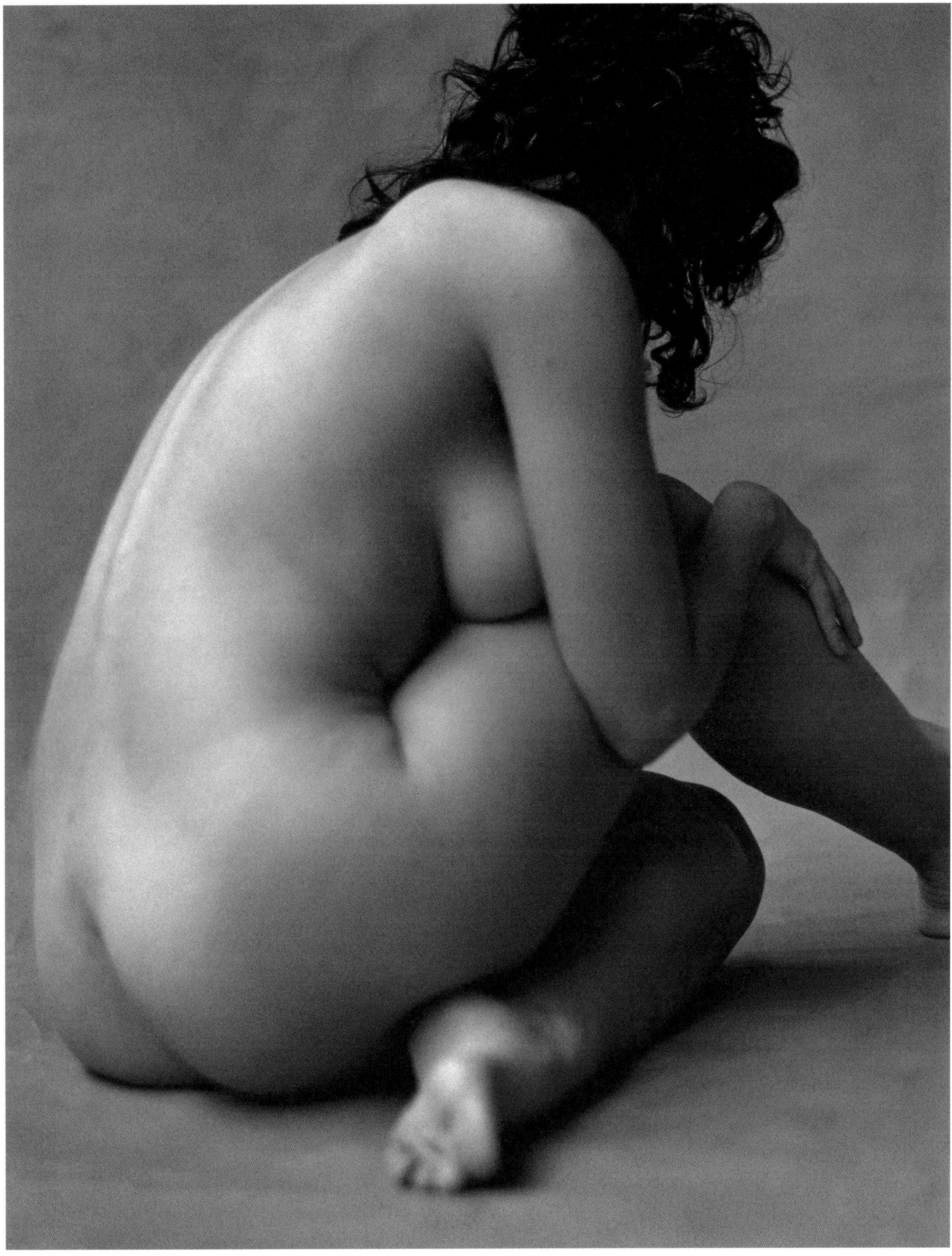

Courbes (2)
Curves (2)

*Ce qu'il y a de plus profond dans l'homme, c'est la peau...*

*What is deepest in man is his skin.*

*Paul Valéry*

FR.

Lors de mes prises de vue, dans l'atelier, au cœur du quartier de Montparnasse, le mouvement des lumières du jour et la concentration entre les modèles et le photographe m'ont comme transporté dans un autre temps.

Pas loin de là, derrière les murs, je pouvais sentir les terrasses, comme si elles reprenaient vie, La Rotonde, Le Select, La Coupole... J'avais le sentiment étrange que les fantômes du quartier étaient venus nous rendre visite. Je me suis senti comme propulsé dans cette époque du Montparnasse des années vingt. Les dadaïstes, les cubistes, les fauvistes, les artistes abstraits, les surréalistes, ceux qui prônaient une liberté totale... Breton, Desnos, Artaud, Dalí, Picasso, Picabia, Modigliani, Soutine, Kisling, Foujita, et tant d'autres... Les danseurs russes, Stravinski, Man Ray, sa muse Alice Prin dite Kiki de Montparnasse, la reine du quartier, tout ce tourbillon artistique jaillissait dans mon esprit, comme si cette sensation-là était ce que je recherchais, inconsciemment, en photographiant ces modèles de peintre.

Le nu est intemporel, il permet de voyager dans le temps.

UK.

When I was shooting in the studio, in the heart of the Montparnasse neighbourhood, the movement of the daylight and the concentration between the models and the photographer transported me to another time.

Not far away, behind the walls, I could smell the café terraces, as if they were coming back to life—La Rotonde, Le Select, La Coupole. I had the strange feeling that the ghosts of the district had come to visit us. I felt like I had been transported back to the Montparnasse of the 1920s. The Dadaists, the Cubists, the Fauvists, the abstract artists, the Surrealists, those who advocated total freedom... Breton, Desnos, Artaud, Dalí, Picasso, Picabia, Modigliani, Soutine, Kisling, Foujita, and so many others... The Russian dancers, Stravinsky, Man Ray, his muse Alice Prin, known as Kiki de Montparnasse, the queen of the neighbourhood, all this artistic whirlwind burst into my mind, as if this sensation was what I had been looking for, unconsciously, by photographing these painterly models.

Nudes are timeless: they allow you to travel through time.

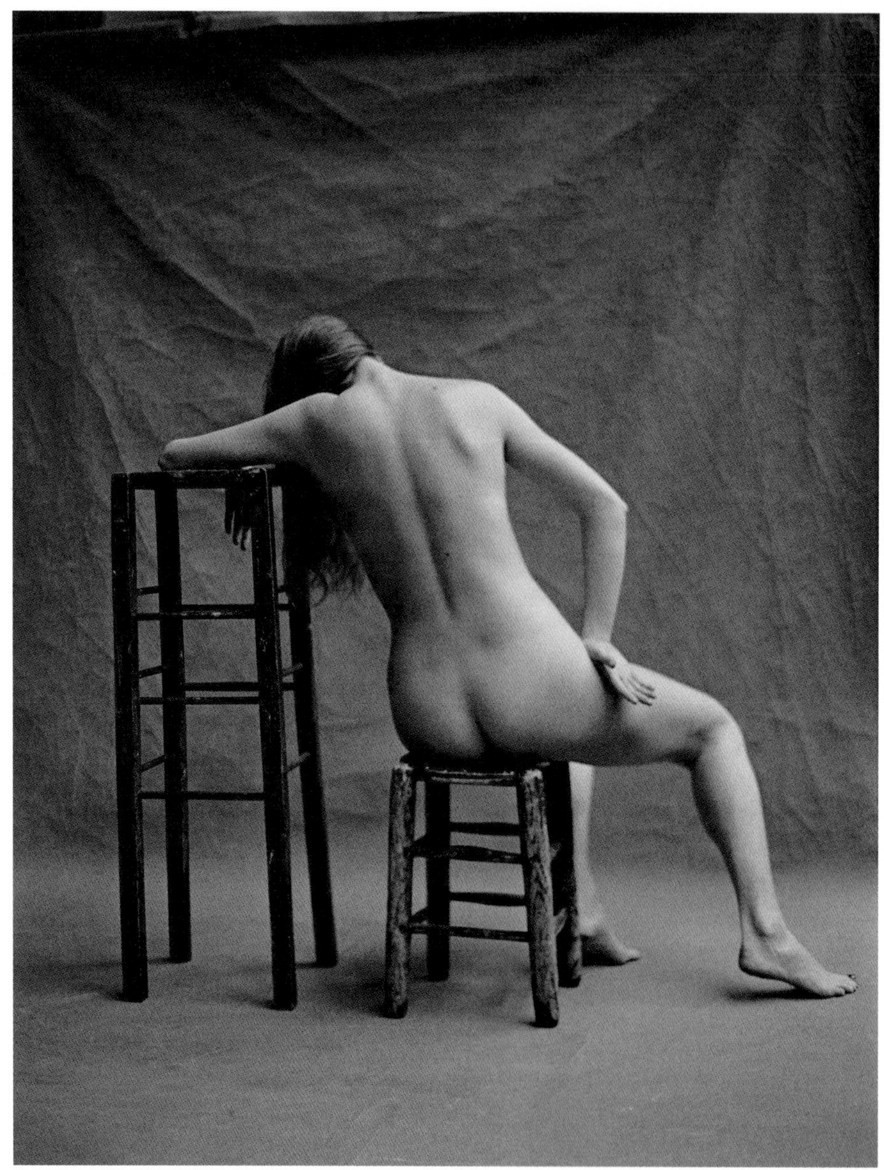

Fatiguée
Tired

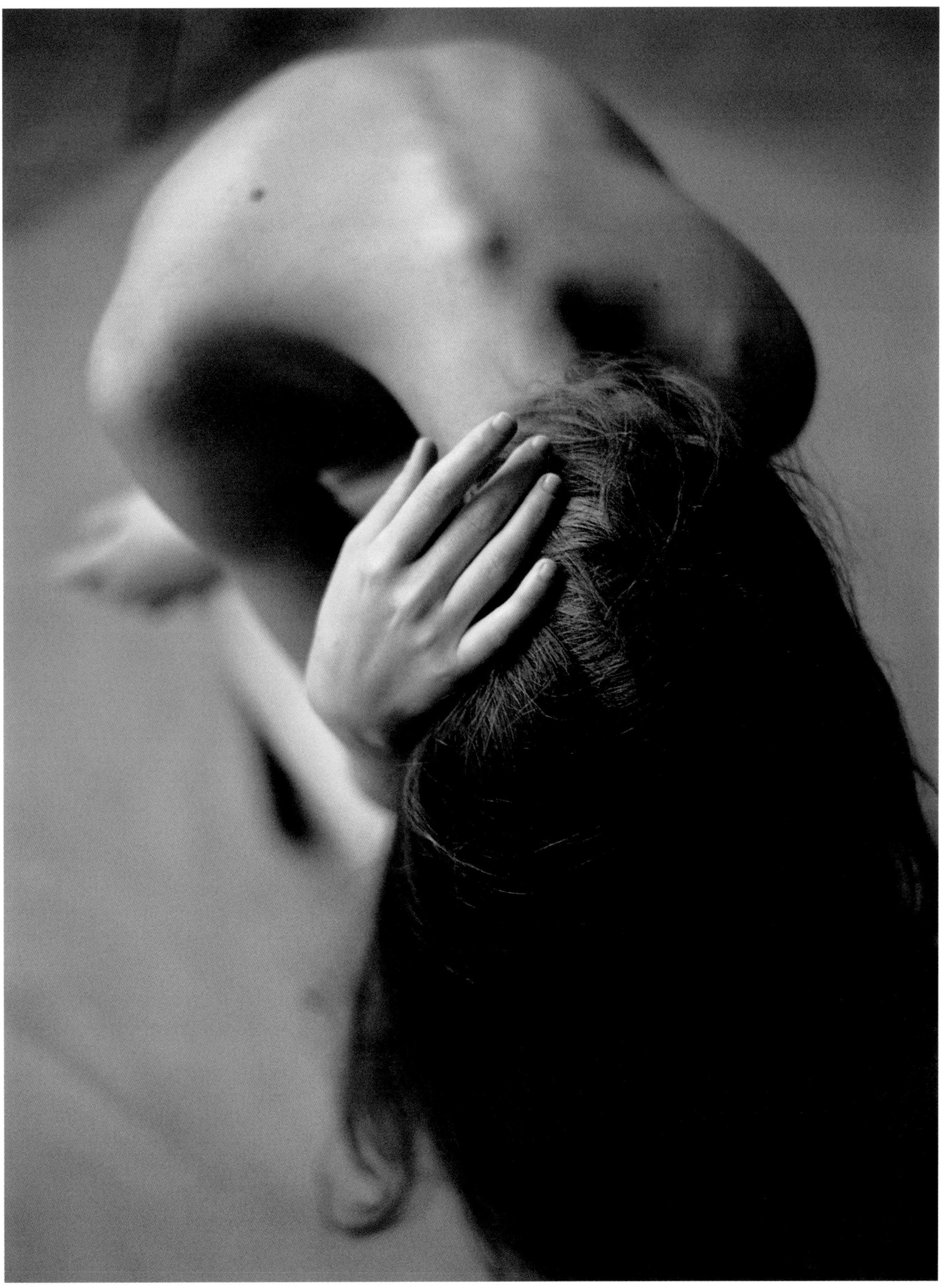

Main sur la nuque
Hand on neck

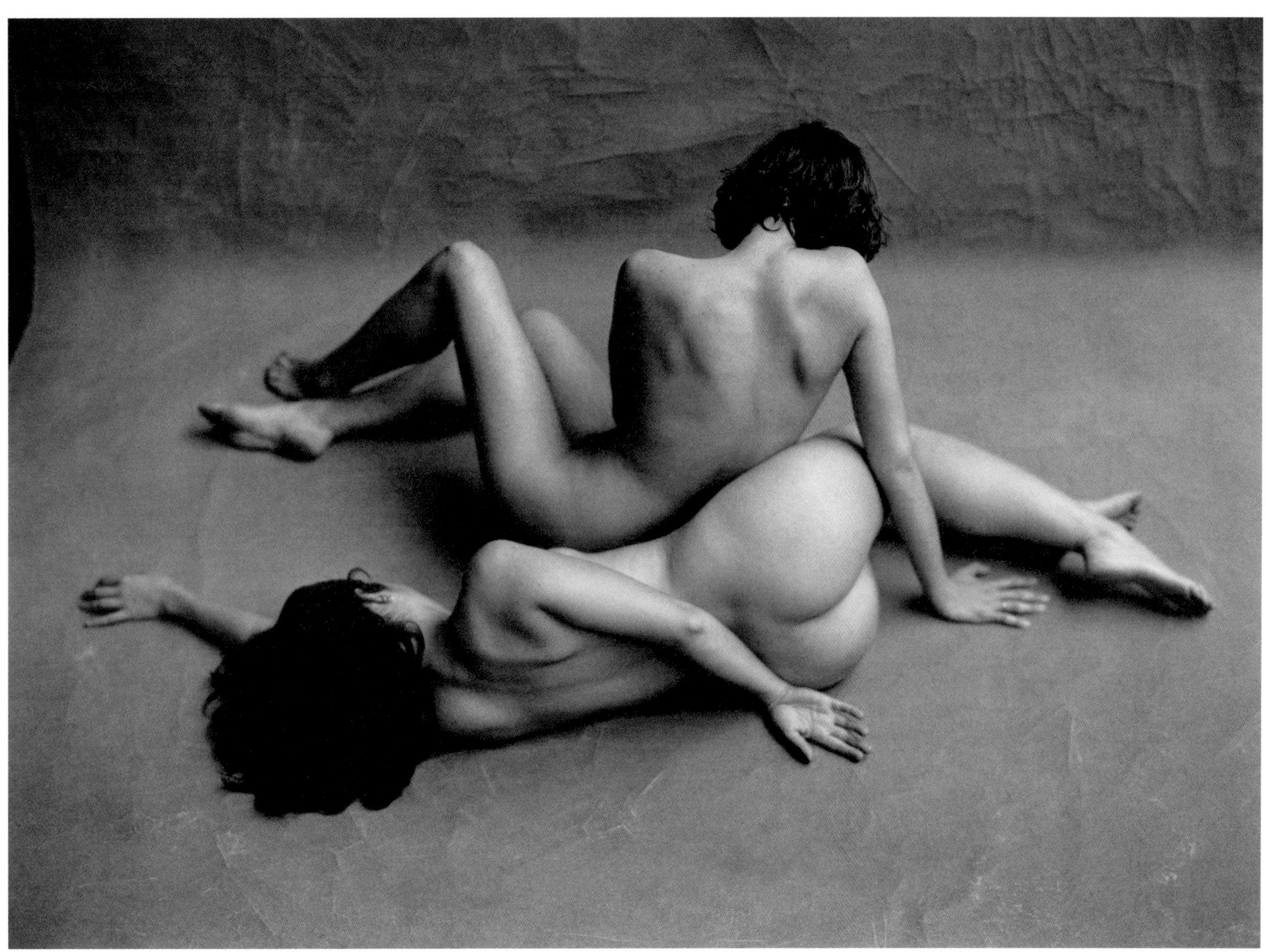

Deux allongées
Two recumbents

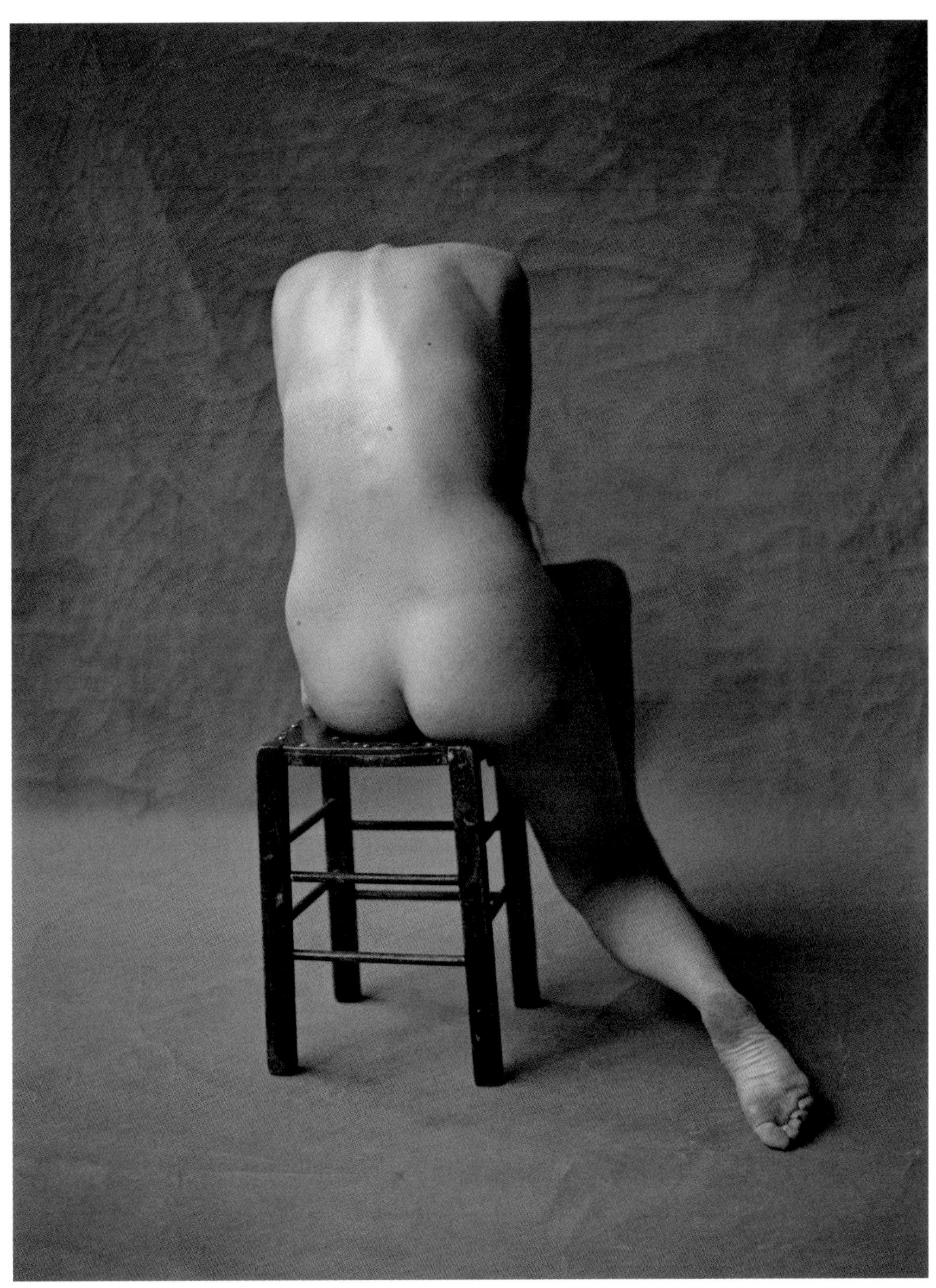

Dos replié sur tabouret
Folded back on stool

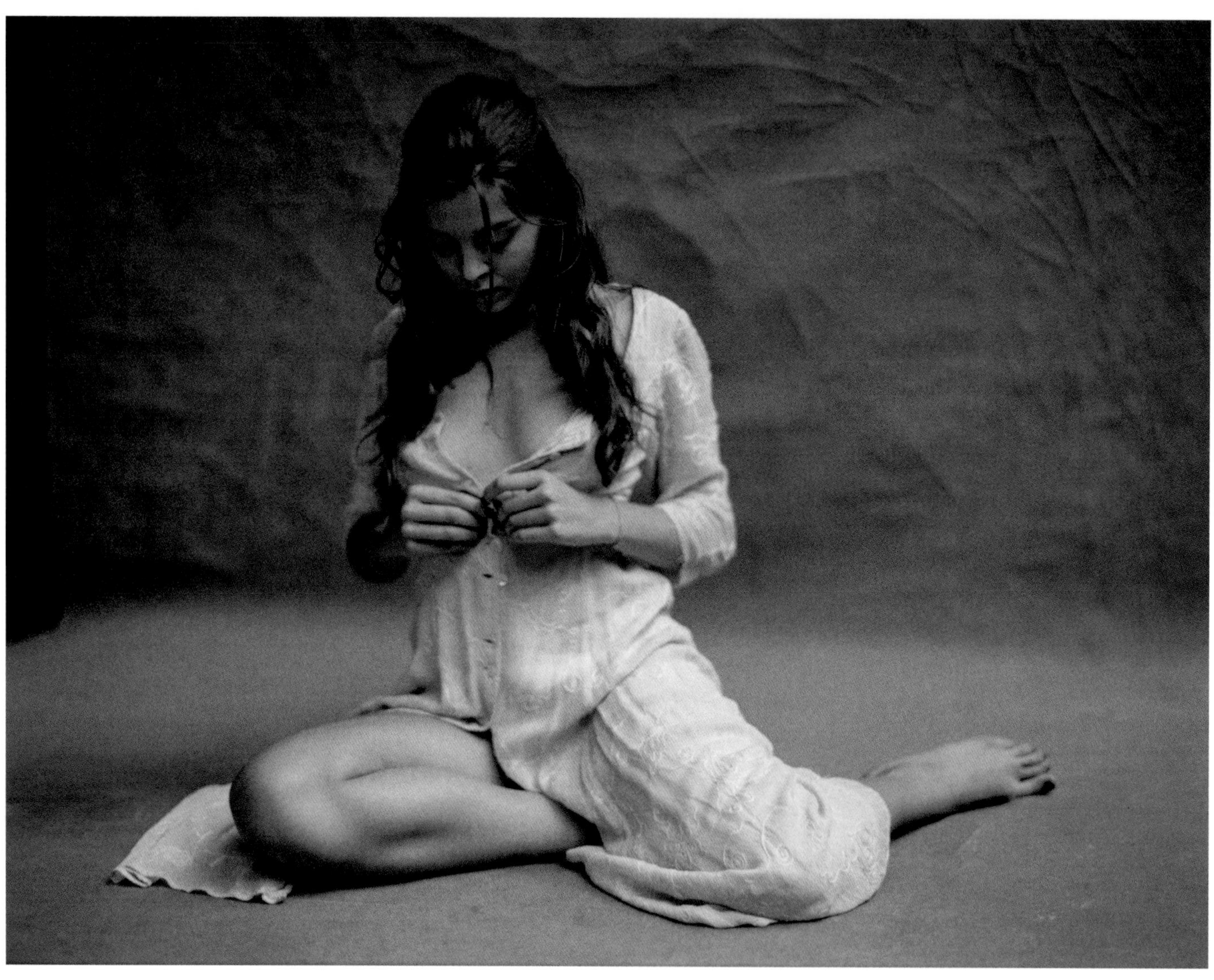

Muse
Muse

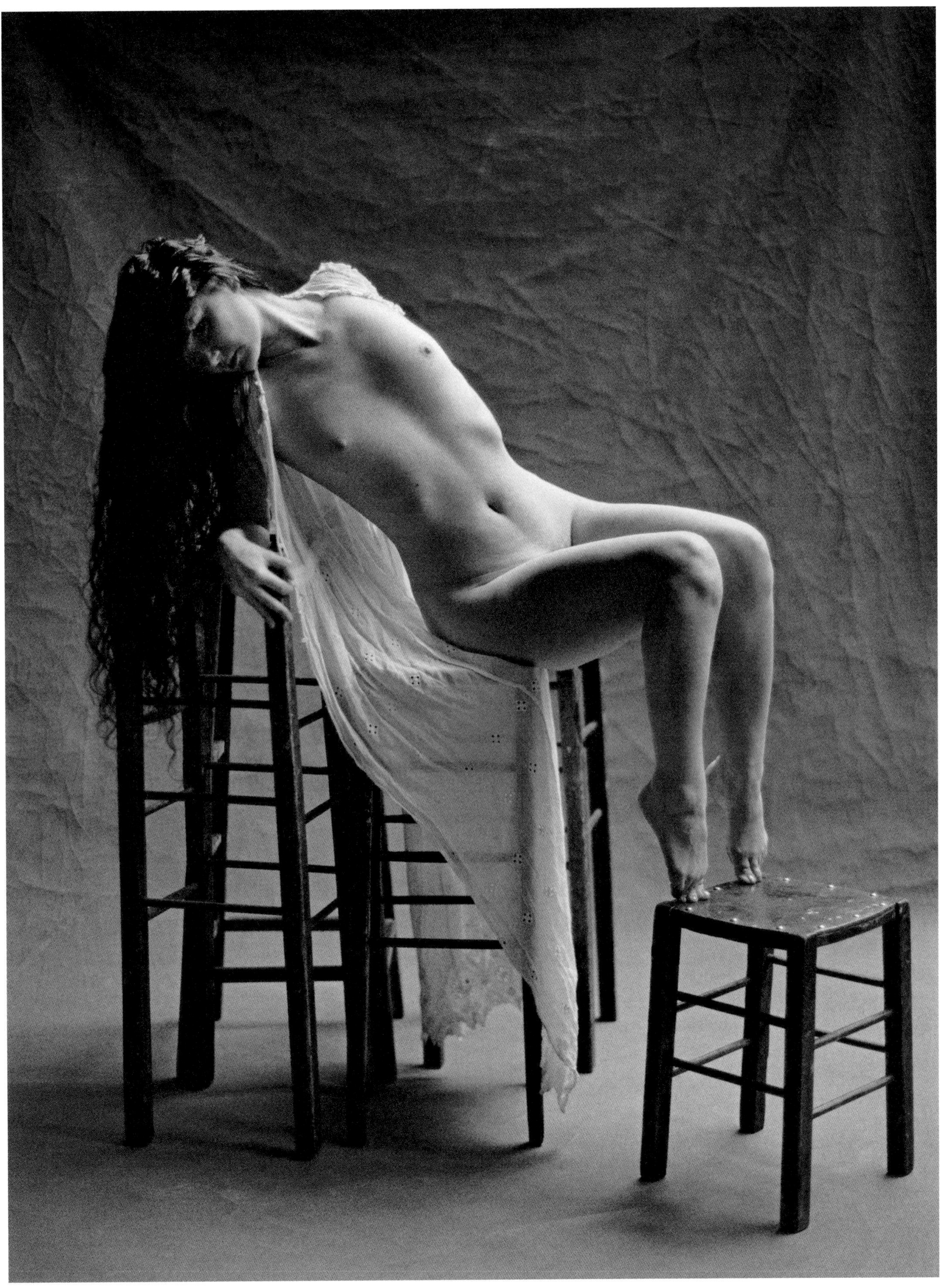

Suspendue
Suspended

*Quand j'entre dans cet espace sacré, rien d'autre n'a d'importance.*
*En solo comme en duo, on se lance. Quand on pose, on impose.*
*On crée. Ensemble.*

*Il faut faire vite. Et bien. Que l'assemblée n'attende pas.*
*La pose se fige et notre temps s'arrête alors que les crayons*
*s'agitent. Je ressens ce pouvoir immense de captiver.*
*Une connexion forte s'établit avec les dessinateurs.*
*La concentration est partagée ; le lien, palpable.*

*Poser, c'est un travail d'écoute et de rigueur. C'est aussi trouver*
*ses limites et apprendre à les respecter.*
*Quelle joie d'exprimer cela à travers le regard de Vincent.*
*Être une muse, c'est une rencontre.*

*When I enter this sacred space, nothing else matters.*
*Whether alone or in a duo, you throw yourself into it.*
*When you pose, you impose.*
*You create. Together.*
*You must be quick. And true. Don't keep your audience waiting.*
*The pose freezes and time stands still as the pencils shake. I feel this*
*immense power to captivate. A strong connection is established with the*
*artists. The concentration is shared; the bond is palpable.*

*Posing is all about listening and being thorough. It also means*
*finding your limits and learning to respect them.*
*What a joy to express this through Vincent's eyes.*
*Being a muse is an encounter.*

*F.*

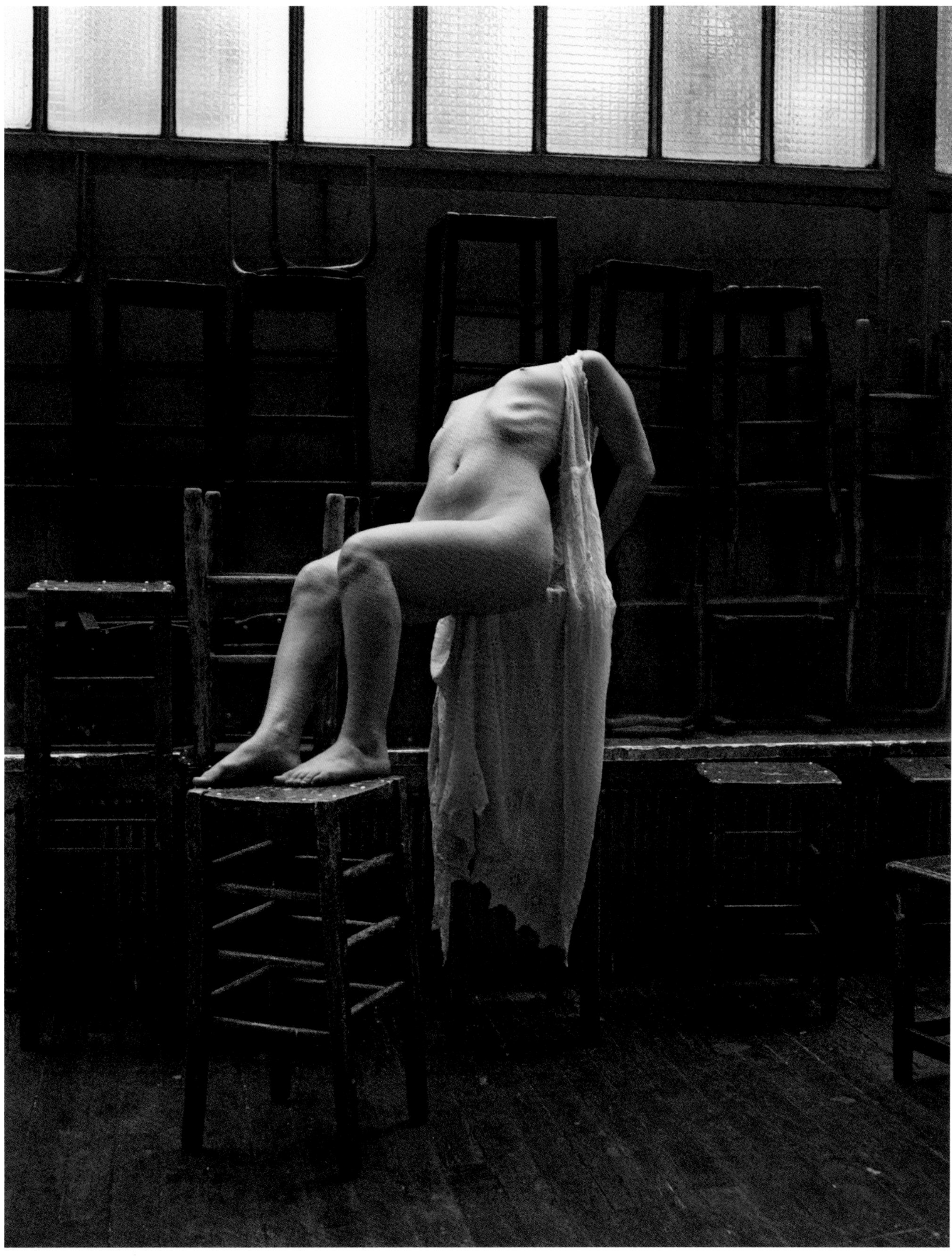

La disparition
The disappearance

58

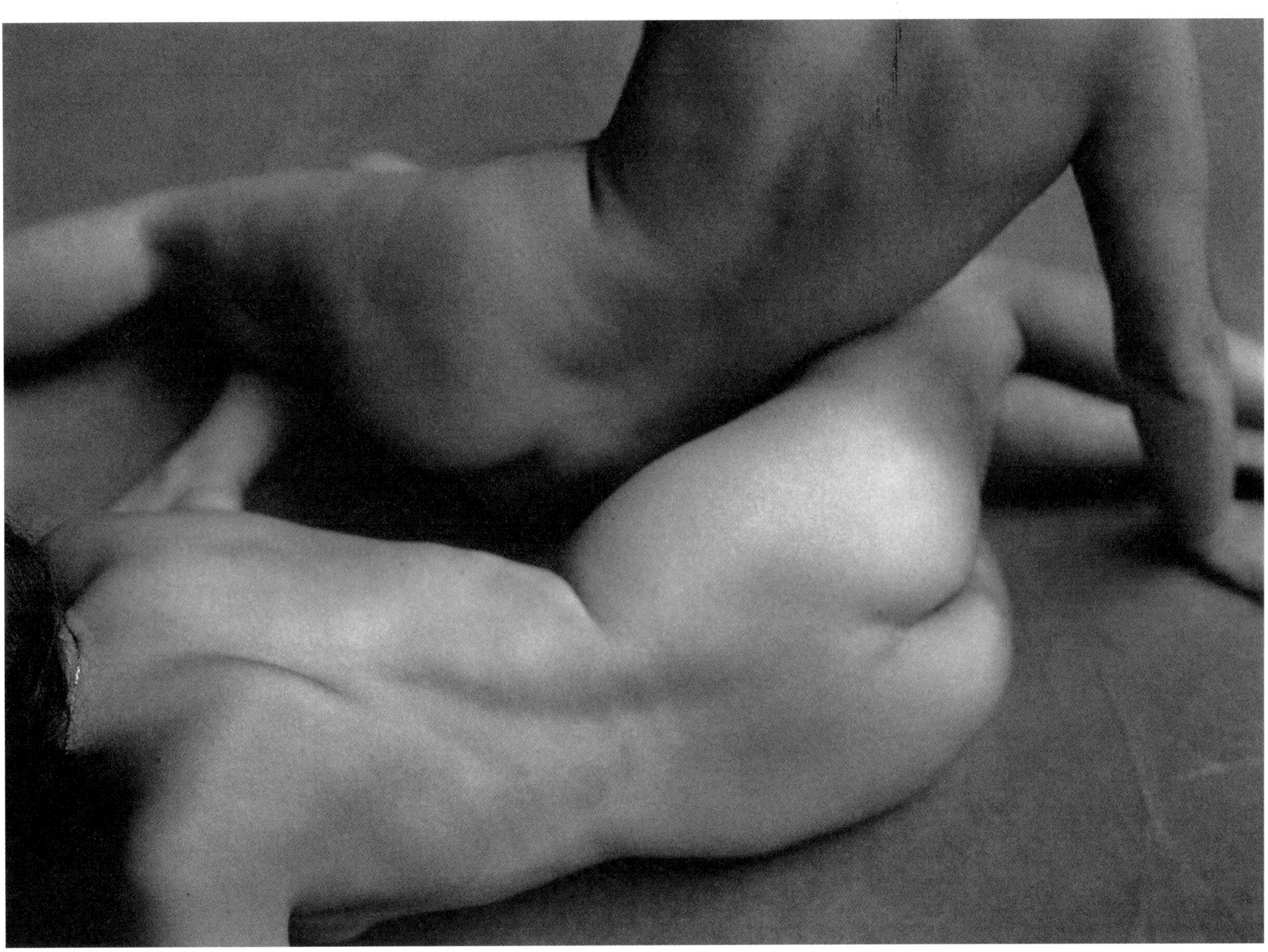

Duo de dos
Back duet

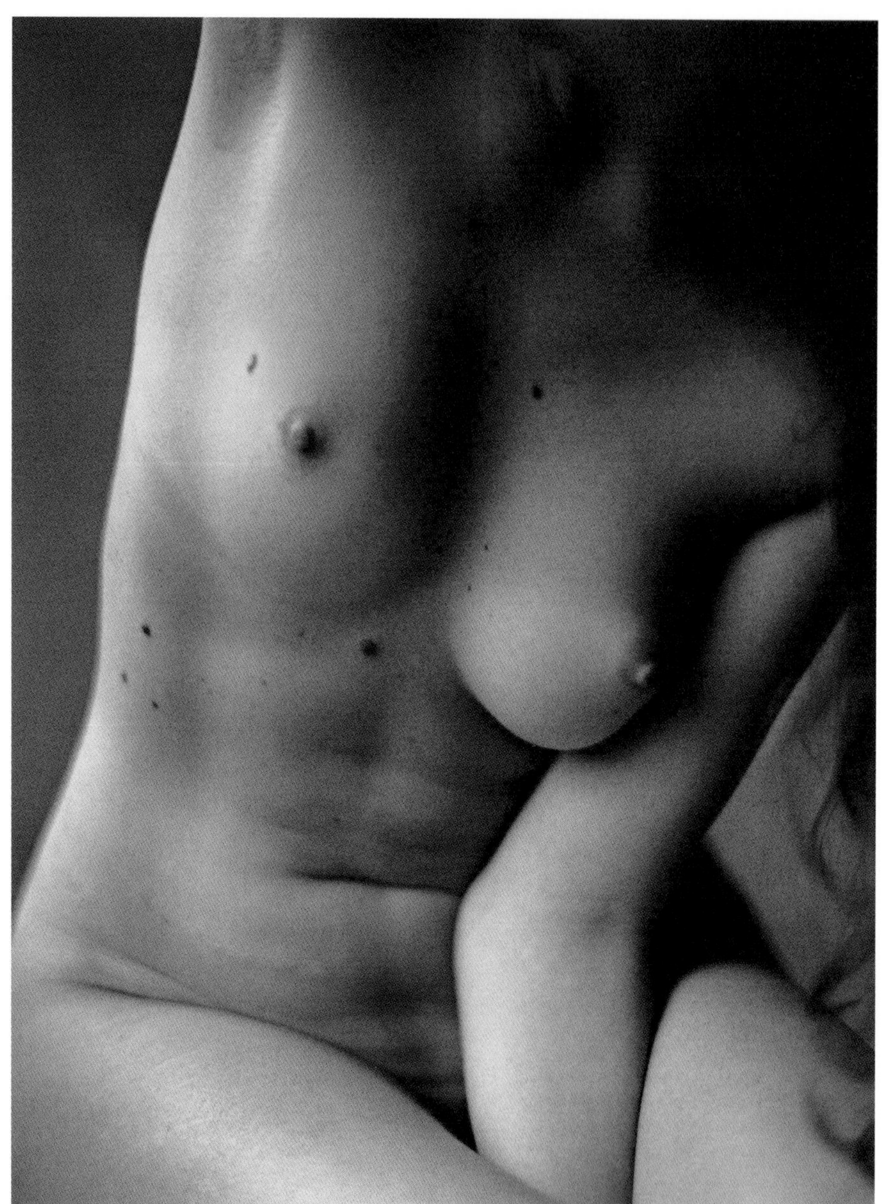

Poitrine
Chest

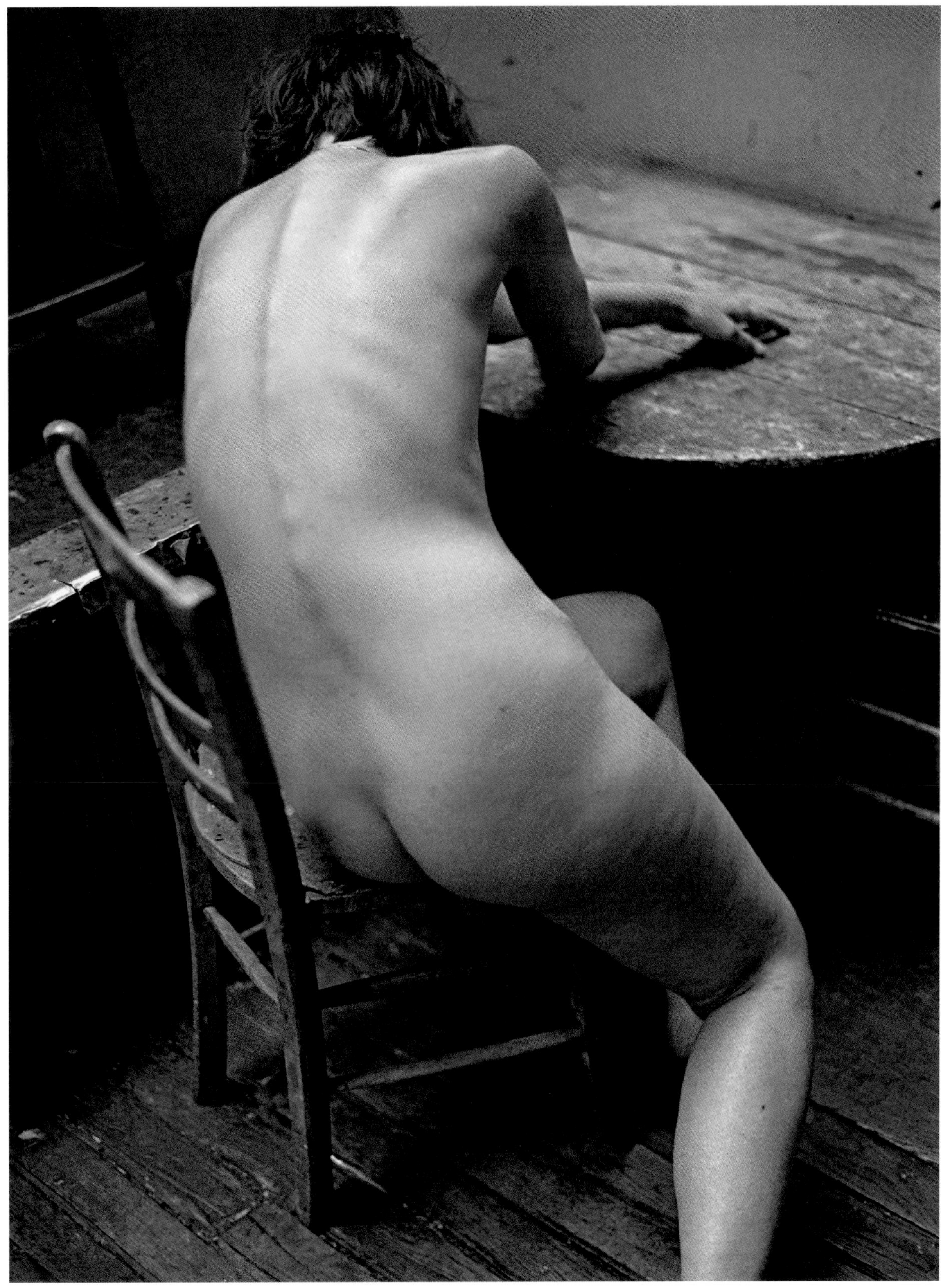

Courbée sur table
Curve on table

OMBRES ET LUMIÈRES

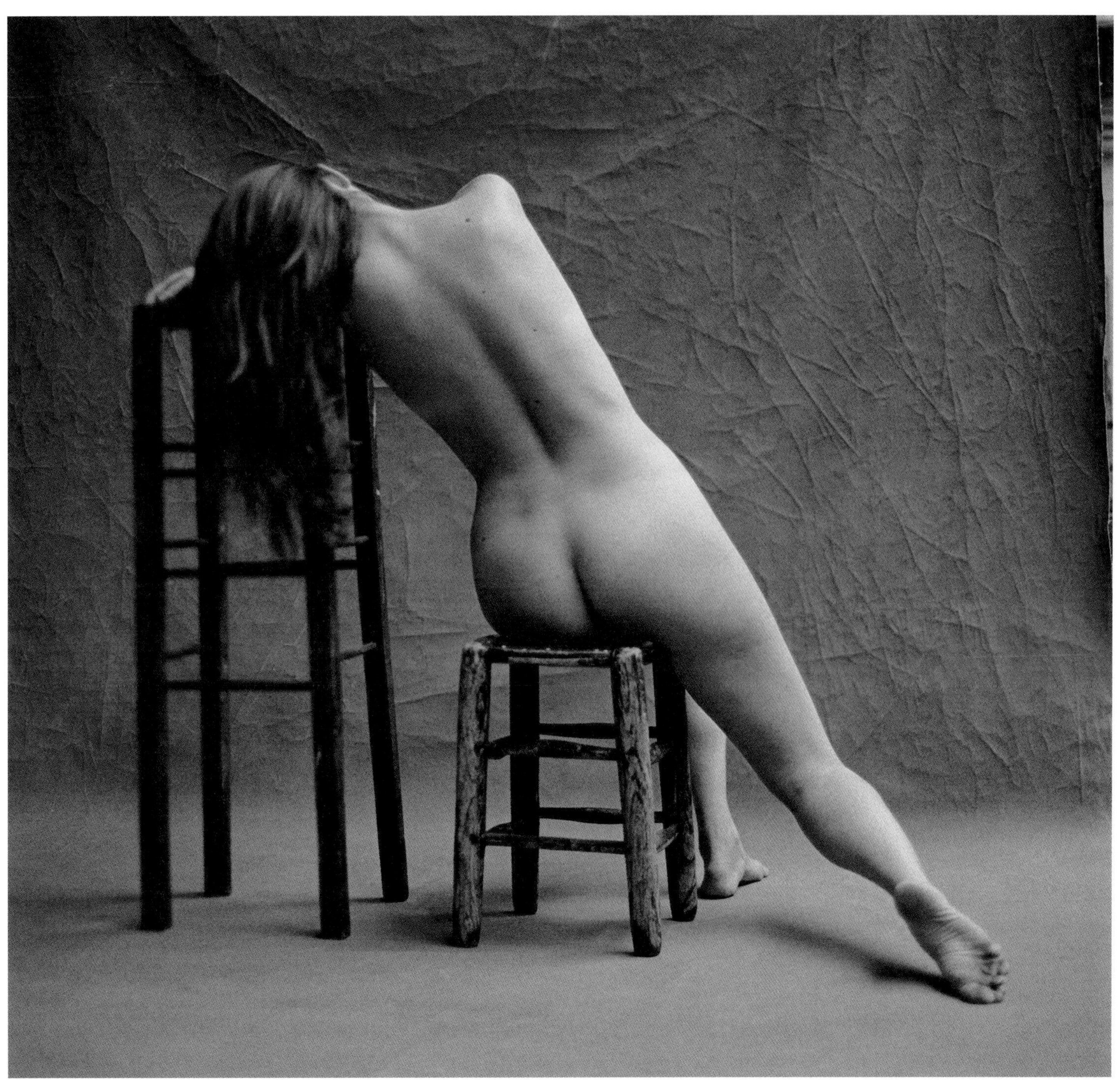

La grande diagonale
The great diagonal

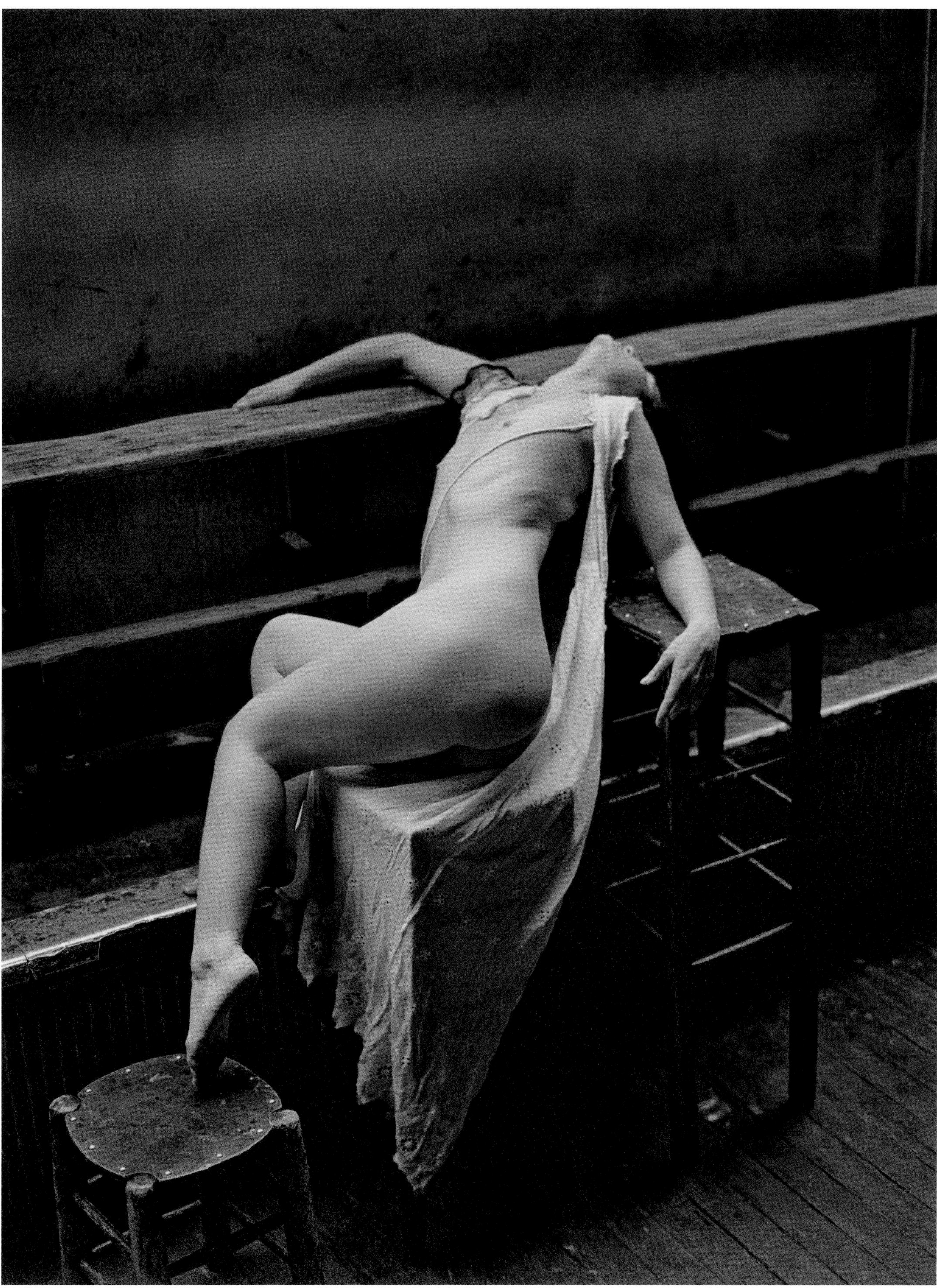

Martyre
Martyr

*Quand les plans d'une figure sont bien posés, avec intelligence
et décision, tout est fait, pour ainsi dire ; l'effet total est obtenu ;
les fignolages qui viendront ensuite pourront plaire au spectateur ;
mais ils sont presque superflus.*

*When the planes of a figure are well placed, with intelligence
and decisiveness, everything is done, so to speak; the overall effect
is obtained; the final adjustments that come later may please the viewer,
but they are almost superfluous.*

*Auguste Rodin*

À travers mon objectif, c'est tout cela qui me traverse, je pense à Rodin, à son *Andromède,* ce nu couché, replié sur ce marbre blanc, comme figé dans le temps. Ce modèle, sa vie, la voici devant nous éternellement dans cette position étrange, sublime. À quoi pense-t-elle ? Se repose-t-elle ? Rêve-t-elle ?
Si je sens de la sculpture dans mon viseur, alors je me dis que la photographie peut être réussie.

Et puis il y a aussi Foujita, Kisling, le nu encore et toujours, comme une exploration sans fin. D'un côté le blanc, très présent dans l'œuvre du plus français des Japonais, de l'autre la folie des couleurs chaudes, Kisling et ses formes généreuses, son pinceau lourd de sensualité. L'artiste et modèle Alice Prin les a inspirés, elle est venue ici, dans cet atelier, j'en suis certain. C'est un sentiment étrange, et à la suite de ces prises de vue, je me suis intéressé à elle. J'ai fait des mois de recherche pour me rapprocher de cette femme, comme si, avec ces images, j'avais attrapé un bout de son esprit qui m'invitait dans son histoire. Je commence à l'explorer ici et dans un scénario de film qui donnera, je l'espère, un long métrage par la suite…



I think of Rodin, of his Andromeda, that reclining nude, folded back on the white marble, as if frozen in time. This model, her life, here before us forever in this strange, sublime position. What is she thinking? Is she resting? Is she dreaming?
If I am able to feel sculpture in my viewfinder, then I tell myself that the photograph might succeed.

And then there is Foujita, Moïse Kisling, the nude, over and over again, like a neverending exploration. On the one hand, white, which is so present in the work of the most French of the Japanese artists, and on the other, the madness of warm colours, Kisling and his generous forms, his brush laden with sensuality. The artist and model Alice Prin inspired them, and I'm sure she came here, to this studio. It's a strange feeling, and after taking these photographs, I became interested in her. I did months of research to get closer to this woman, as if, with these images, I had caught a piece of her spirit that invited me into her story. I'm beginning to explore it here and in a film script that I hope will eventually lead to a feature film.

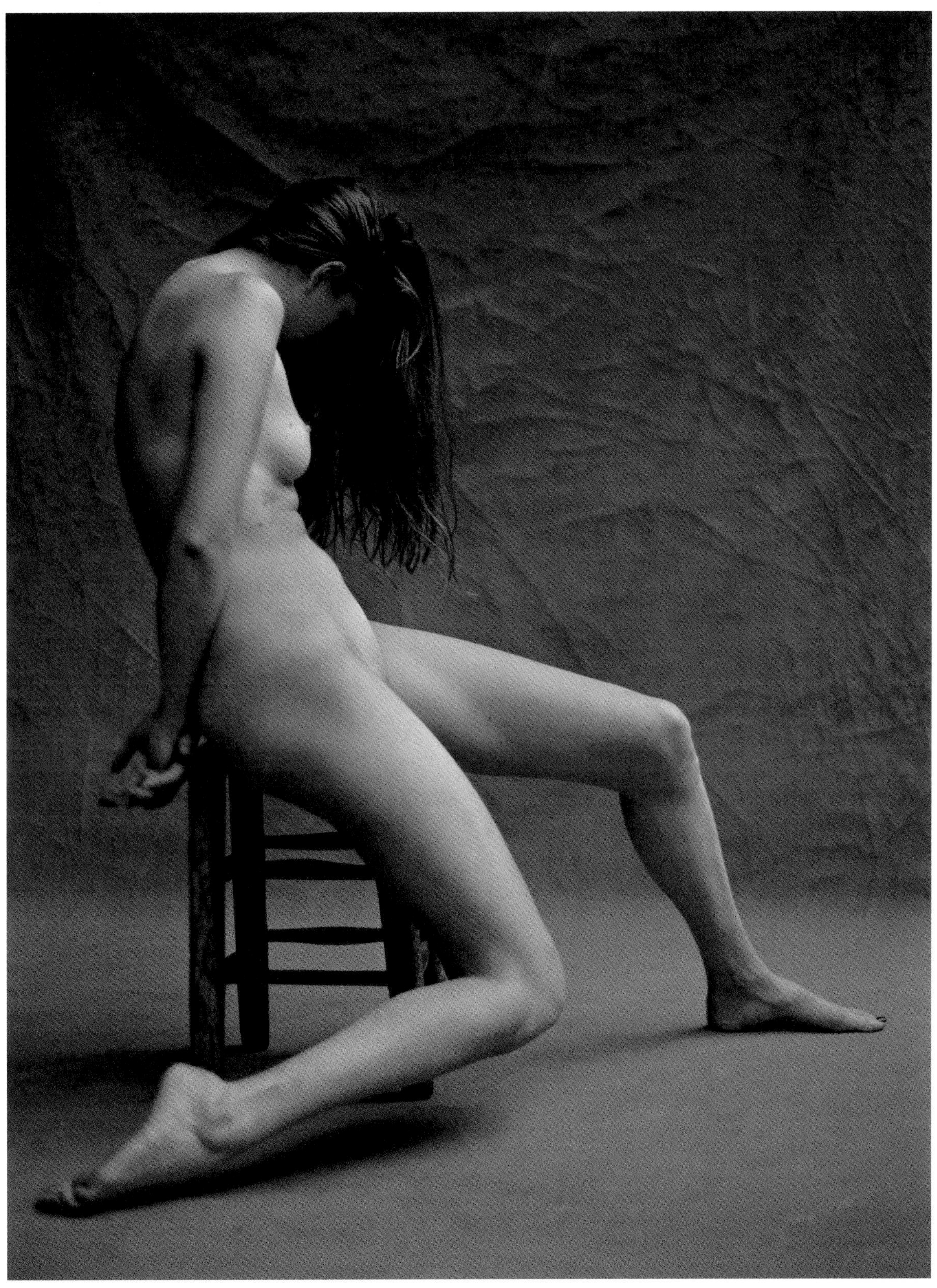

L'attachée
Bound

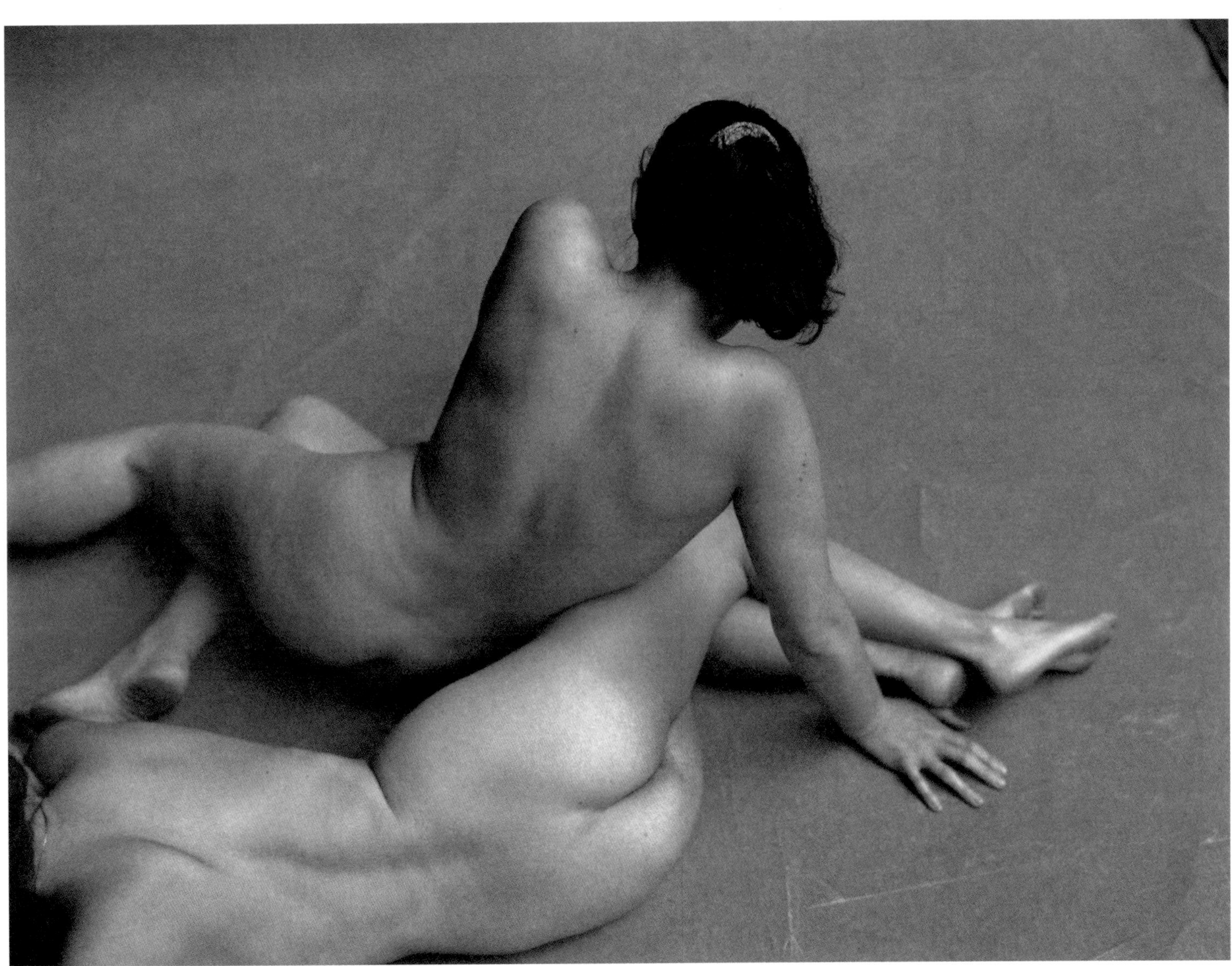

Duo de dos (2)
Back duet (2)

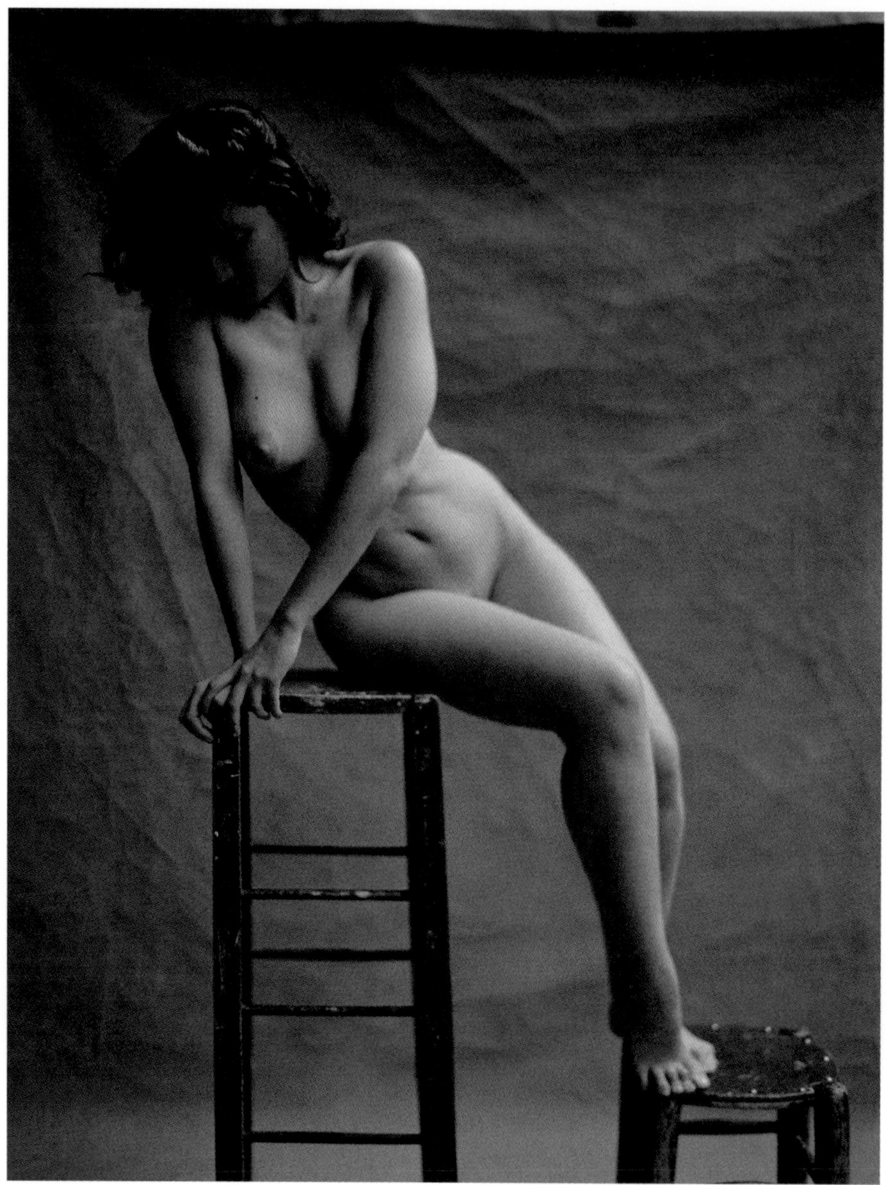

Mossa
Mossa

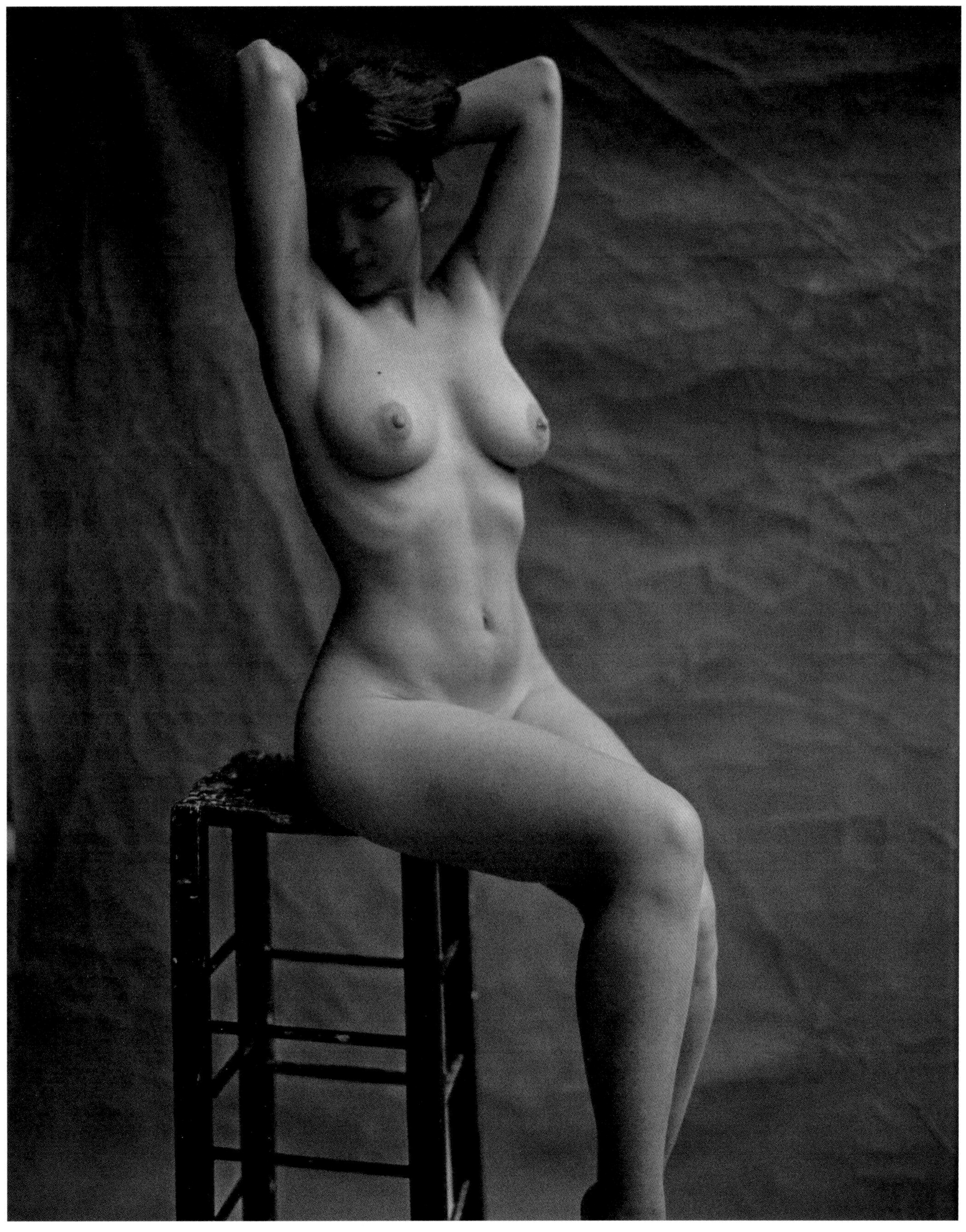

Assise, bras levés
Seated, arms raised

*J'ai un souvenir lointain de la séance de pose avec Vincent,
à la Grande Chaumière. Nous étions trois modèles. Nous avons posé
ensemble puis séparément, au sol puis sur des chaises empilées, devant
un miroir, un chapeau sur la tête. C'était l'été, il faisait chaud.
Nous avons terminé en évoquant nos parcours d'écriture et de création.*

*Puis le temps est passé.
Découvrir les images aujourd'hui, c'est comme un miracle.
Car si les modèles posent pendant des années,
que reste-t-il de leur corps et de leurs récits?
Comment habitent-elles les sellettes et les ateliers?
J'aime ces photos, témoins de nos corps dans le temps.*

*I have a distant memory of posing for Vincent at the Grande Chaumière.
There were three of us. We posed together, then separately,
on the floor, then on stacked chairs, in front of a mirror, with hats
on our heads. It was summertime and hot. Afterwards we spoke about
our writing and creative journeys.*

*Then time passed.
Discovering the images today is like a miracle. Because even if
models pose for years, what remains of their bodies and their stories?
Do they inhabit the stools and the workshops?
I love these photographs—they bear witness to our bodies over time.*

*Zoé*

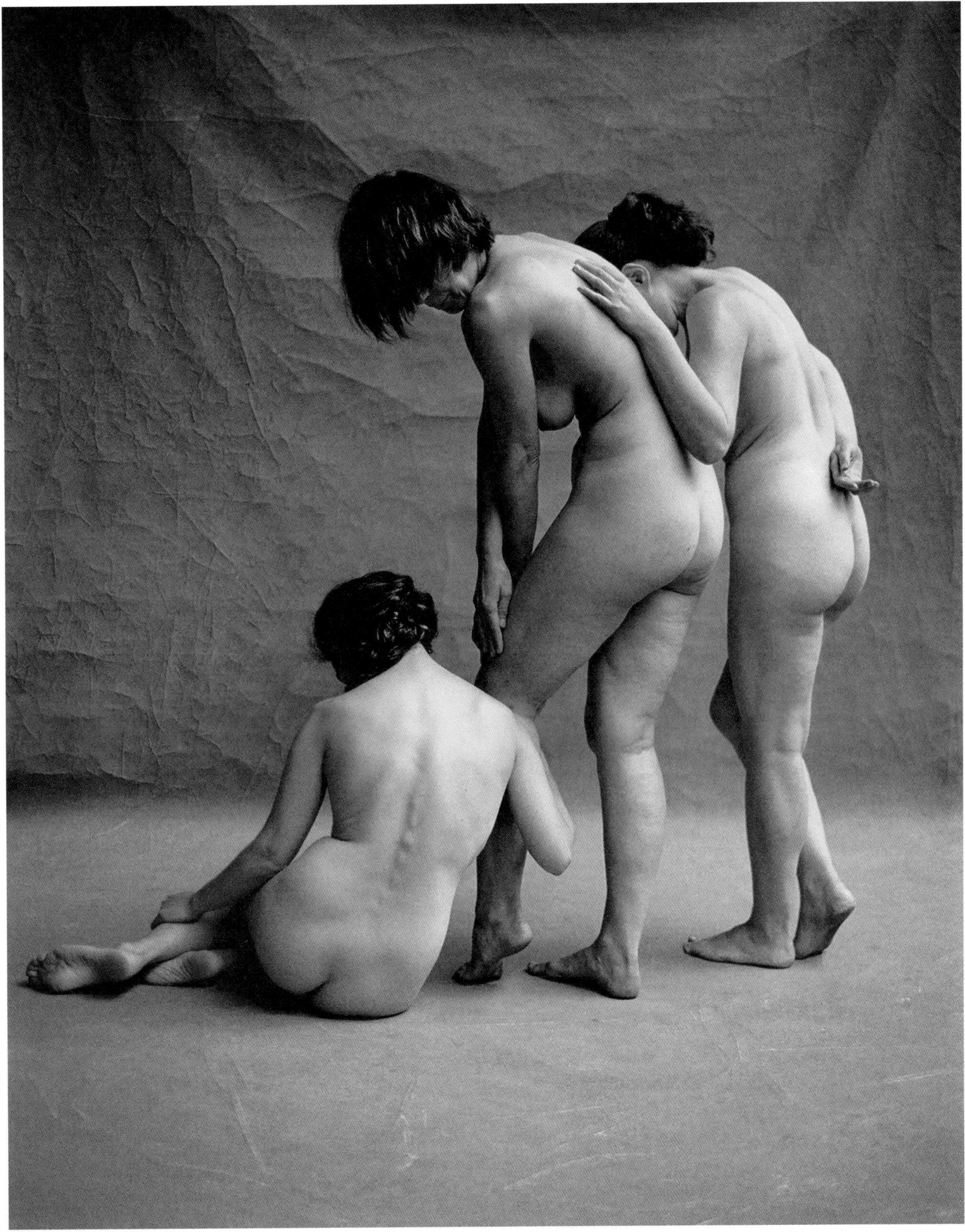

Trio de dos
Back trio

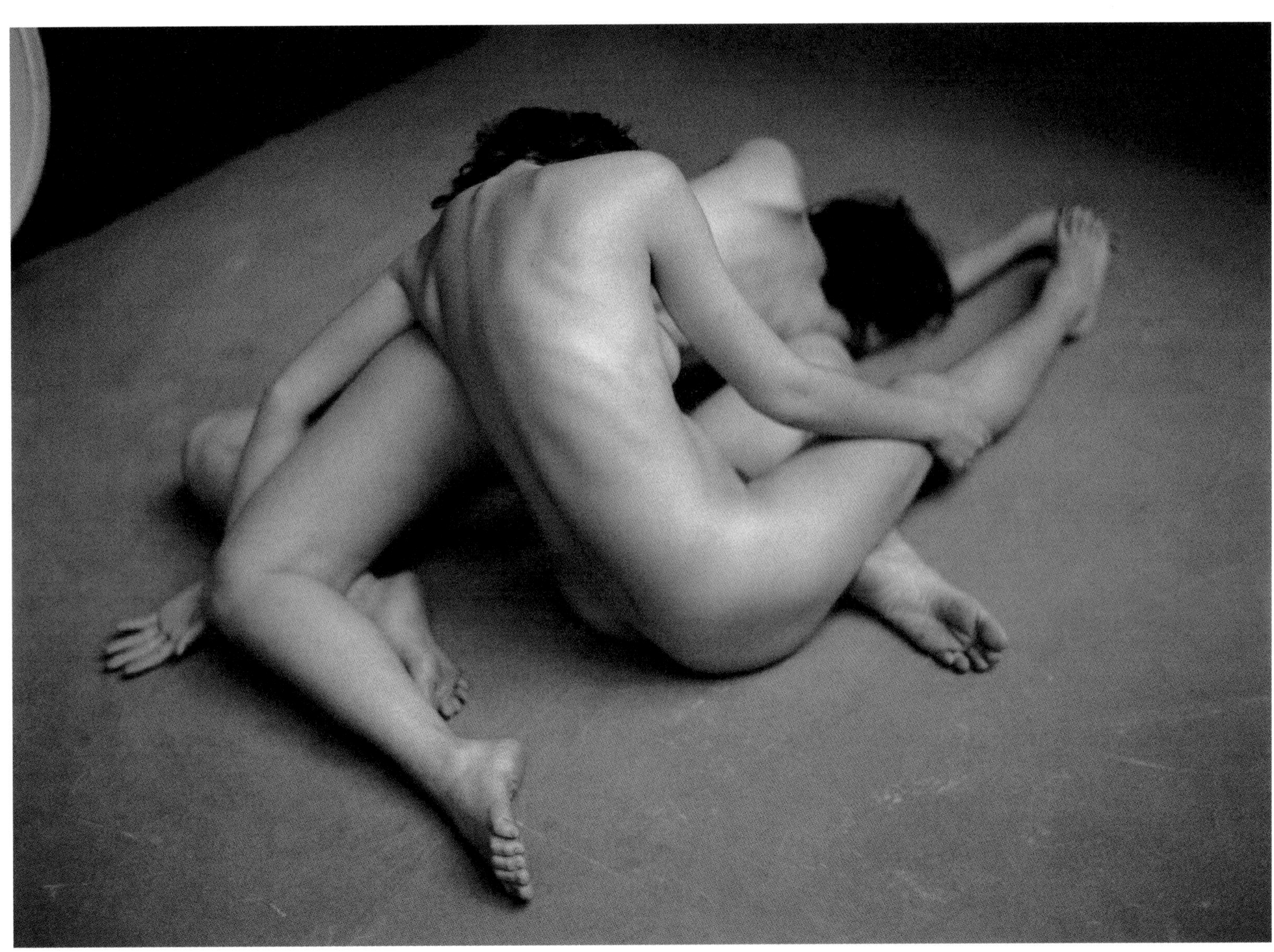

Repliées et couchées
Doubled over recumbents

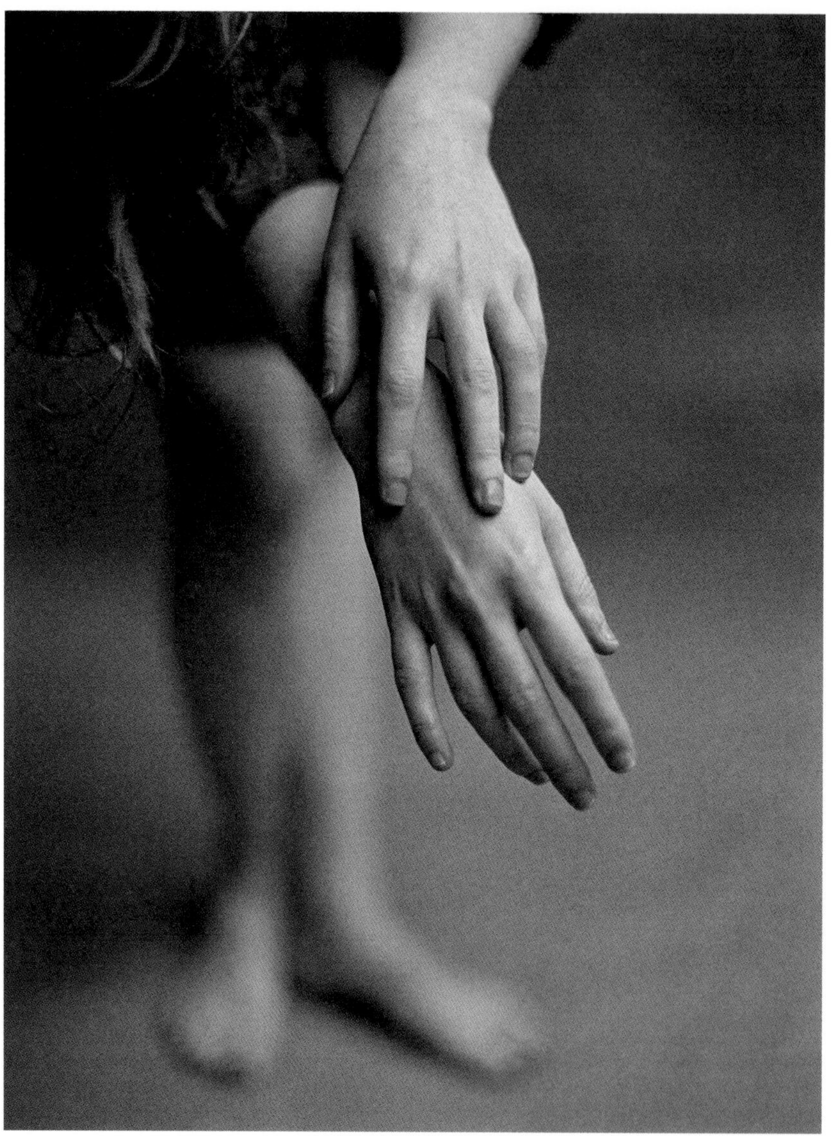

Les deux mains
The two hands

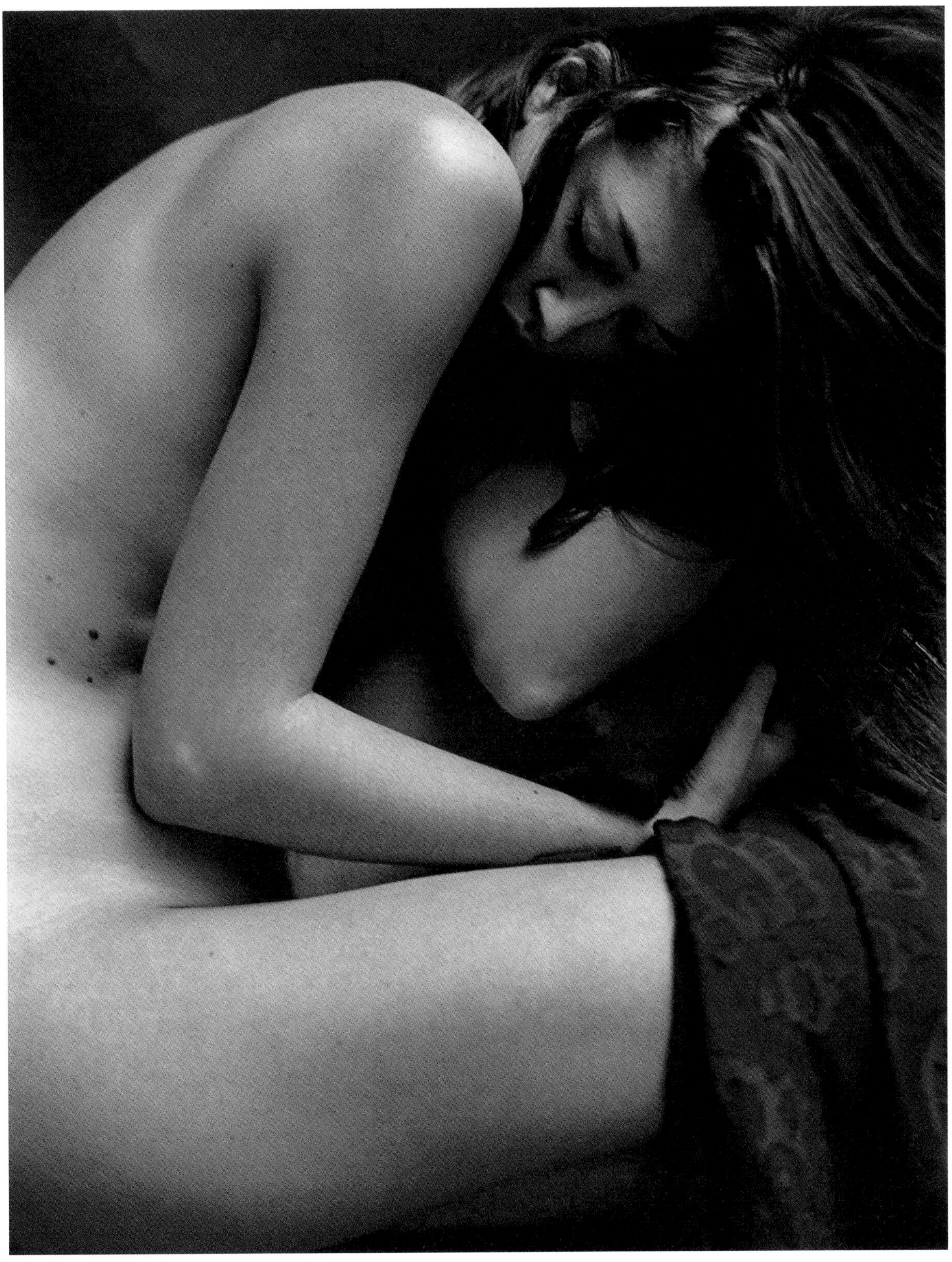

Intimité (2)
Intimacy (2)

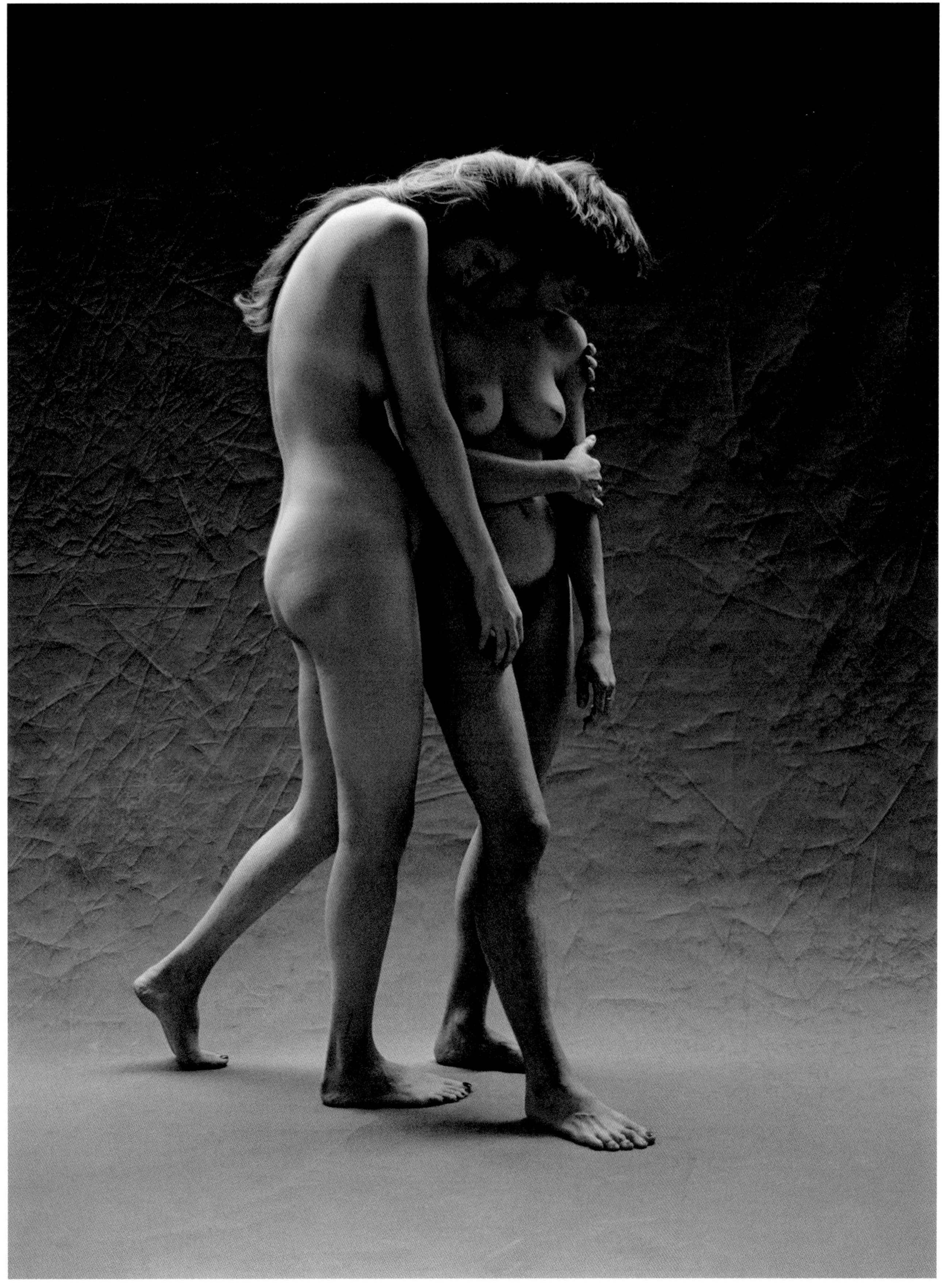

Harmonie
Harmony

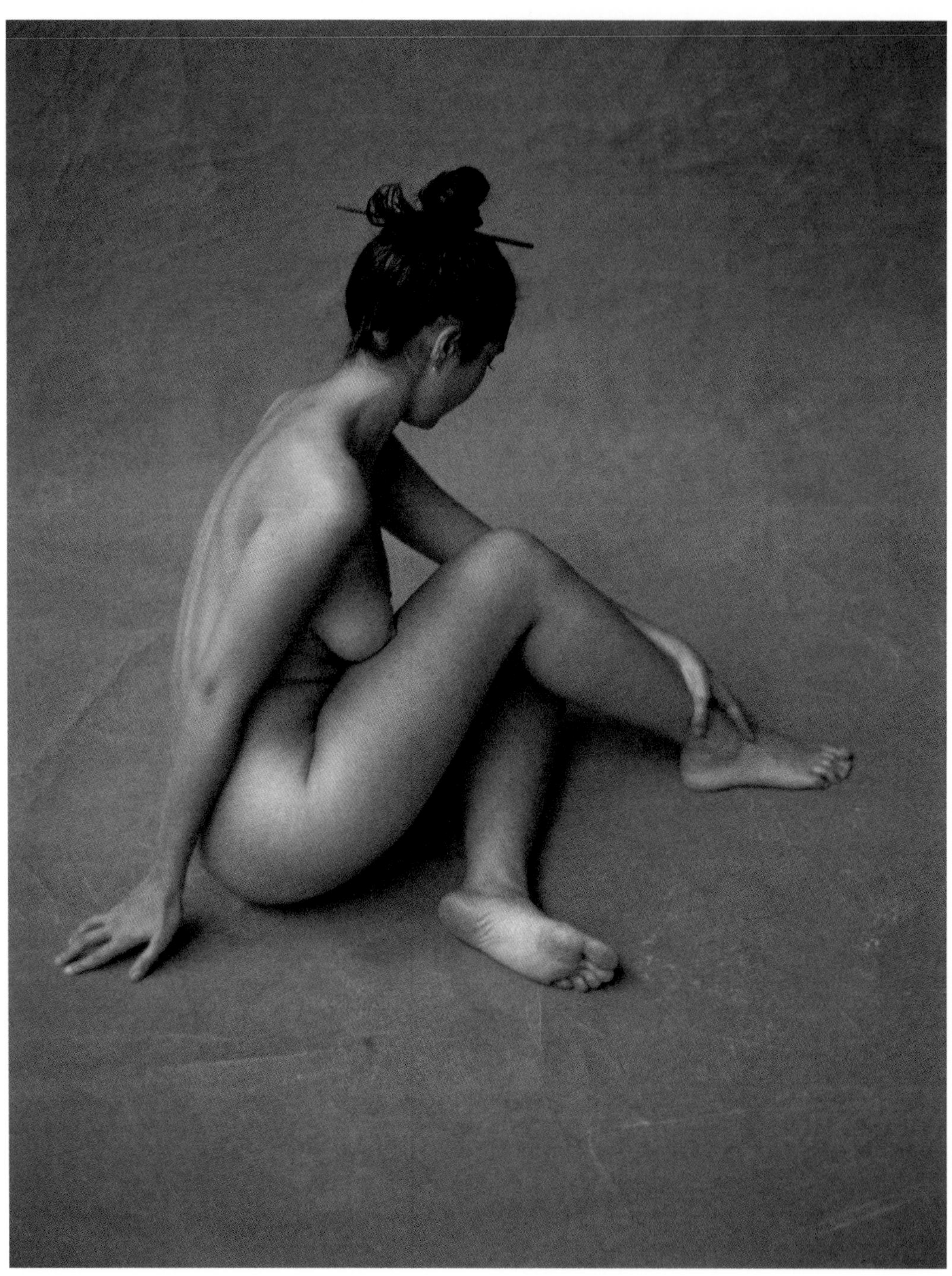

Seule
Alone

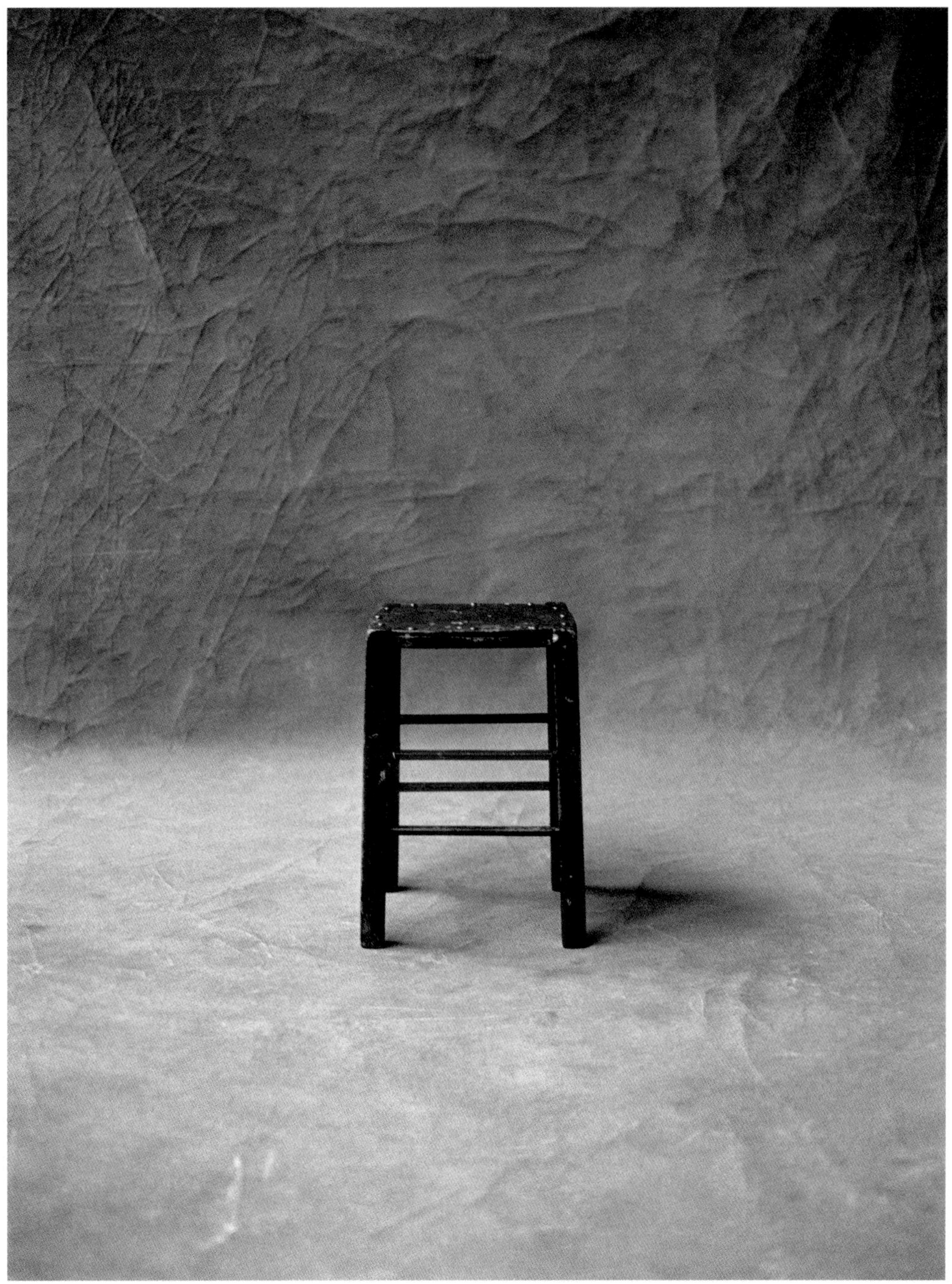

Tabouret
Stool

*Je retrouve dans les photos une partie de moi, figée dans un temps
dont les contours sont flous comme le souvenir d'un rêve, mais l'énergie
qui a imprégné l'atelier permet de garder un lien avec cette époque
déjà lointaine. Nous avons évoqué le cinéma italien, Monica Vitti, puis
ce fut le silence, pour essayer de se comprendre sans passer par
les mots. Devenir une image, se donner à soi-même et se prêter au regard
de l'autre. Devenir le terme d'une addition à deux, dont le résultat,
magique, se place entre le regard de Vincent et ma présence. Dépasser
le réel et continuer à exister dans les photos, c'est une belle façon
possible d'être au monde – c'est même une joie et un privilège.*

*I find a part of myself in the photographs, frozen in a time whose
contours are as blurred as the memory of a dream, but the energy
that permeated the studio keeps me in touch with that long-gone era.
We talked about Italian cinema and Monica Vitti, and then there
was silence, trying to understand each other without words.
Becoming an image, giving of ourselves and lending ourselves to the
gaze of the other. Becoming the end of a two-way addition, the magical
result of which takes place between Vincent's gaze and my presence.
Going beyond reality and continuing to exist through photographs
is a beautifully possible way of being in the world.
A joy and a privilege, even.*

*Francesca*

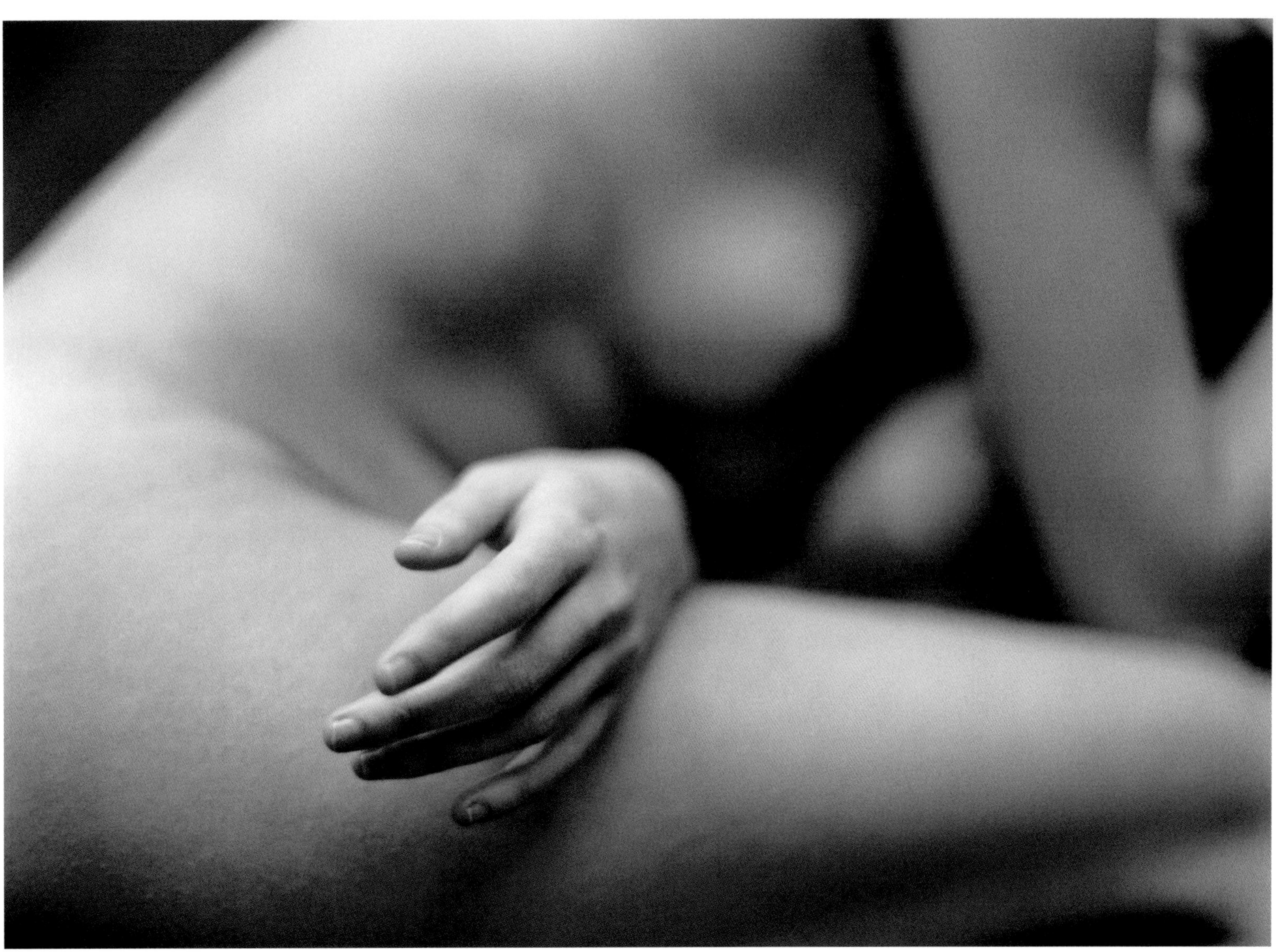

Sculptée
Sculpted

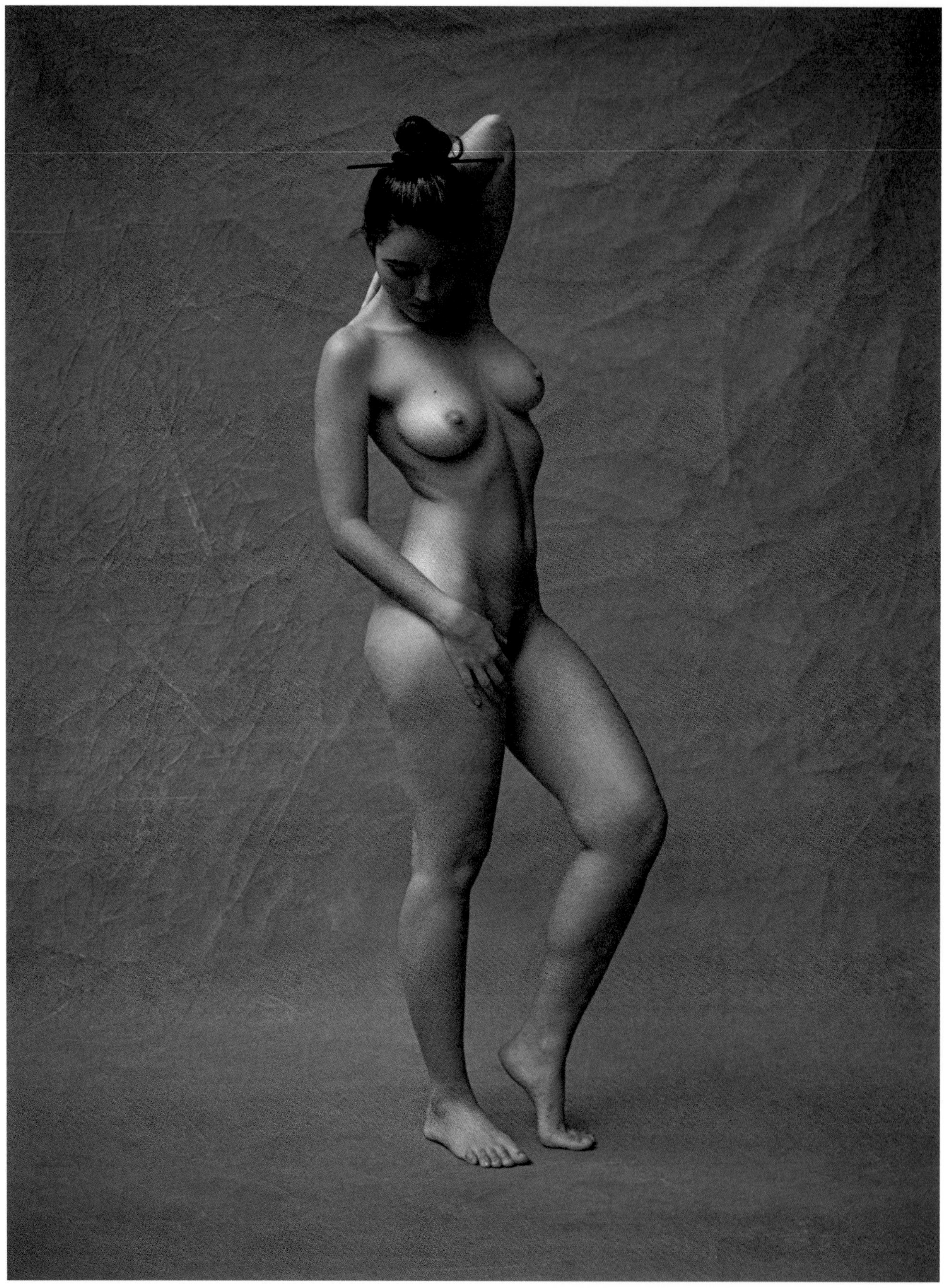

Modèle debout de face
Standing model from the front

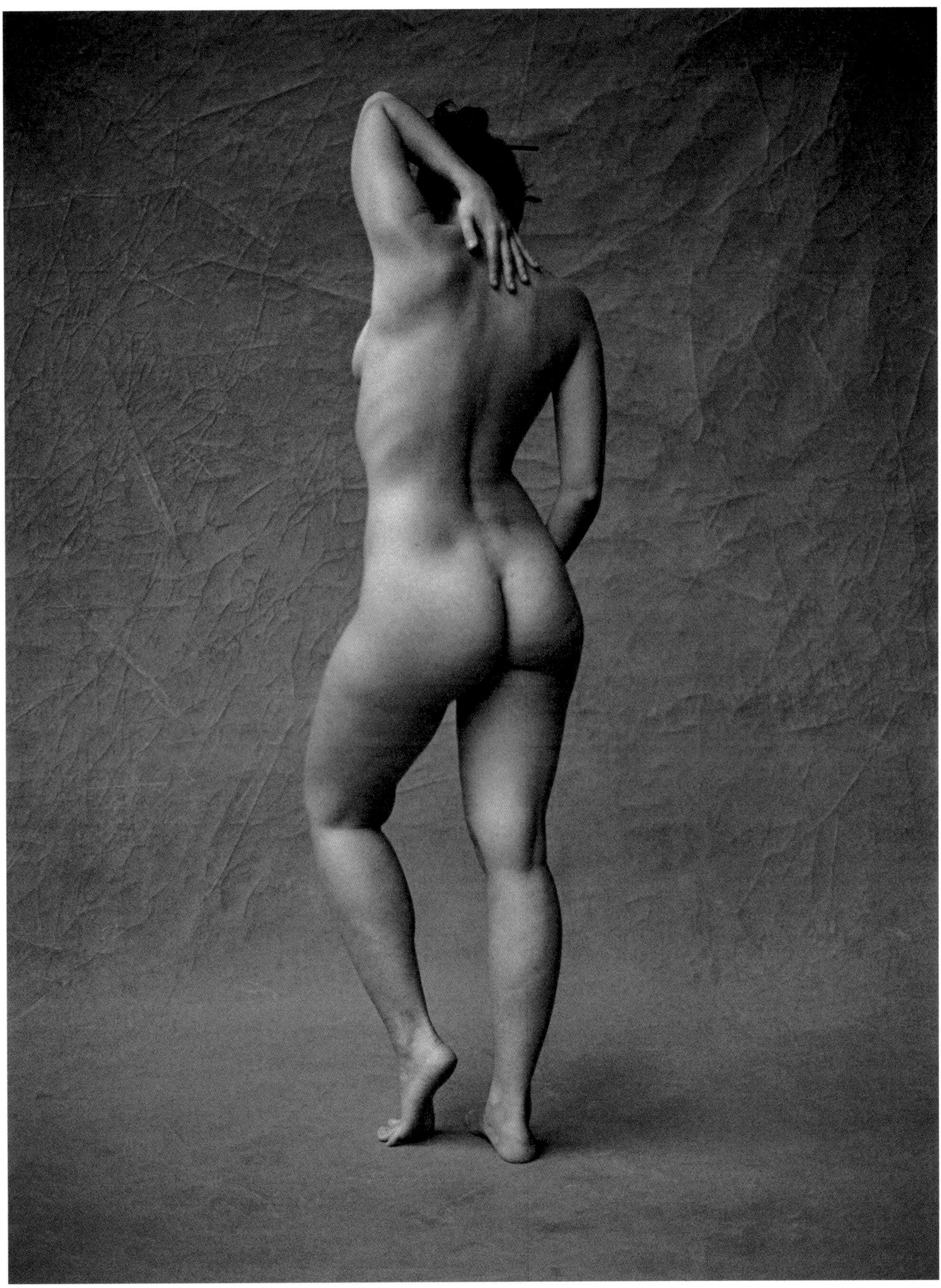

Modèle debout de dos
Standing model from the back

*Et si l'humble garni*
*Qui nous servait de nid*
*Ne payait pas de mine*
*C'est là qu'on s'est connu*
*Moi qui criais famine*
*Et toi qui posais nue*


*Even if our modest room*
*That we used as a nest*
*Was nothing to look at,*
*That is where we met,*
*Me starving*
*and you posing nude.*

*Charles Aznavour*

Au début du xxᵉ siècle, les modèles sont objets de tous les désirs, elles sont inspiratrices, révélatrices, on se les arrache, on les rejette aussi. Nombre d'histoires d'amour sont nées de cette relation particulière entre l'artiste et son modèle, parmi eux Modigliani et Jeanne Hébuterne. Leur fin fut déchirante, inséparable ; ils étaient l'incarnation tragique de la bohème.



At the beginning of the twentieth century, models were the object of everyone's desires; they were inspirational and revealing; they were coveted and cast aside, too. Many love stories were born of this special relationship between artist and model, including Modigliani and Jeanne Hébuterne. The end of their relationship was heartbreaking, inseparable; they were the tragic incarnation of bohemia.

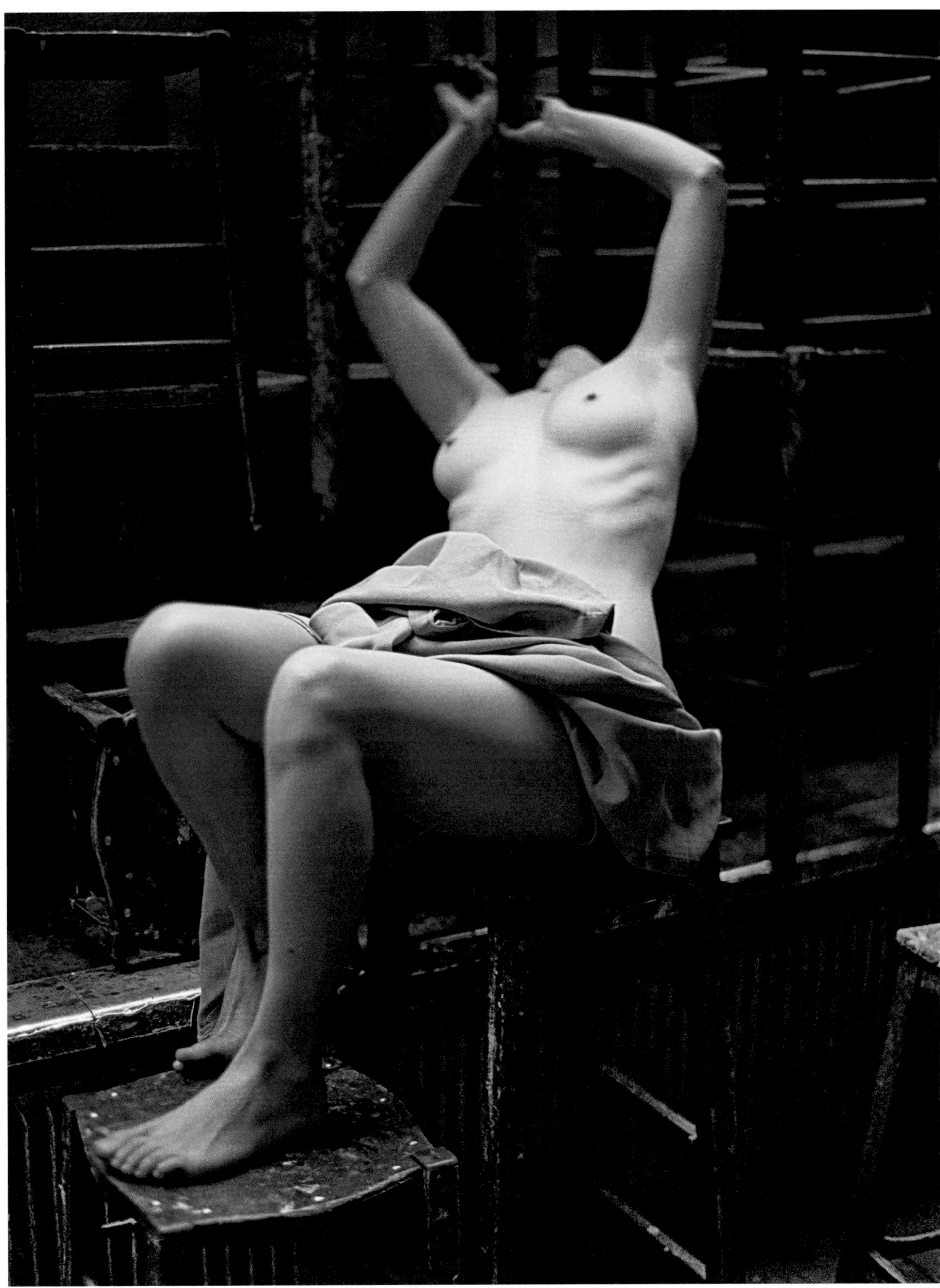

L'attrape-temps
Time catcher

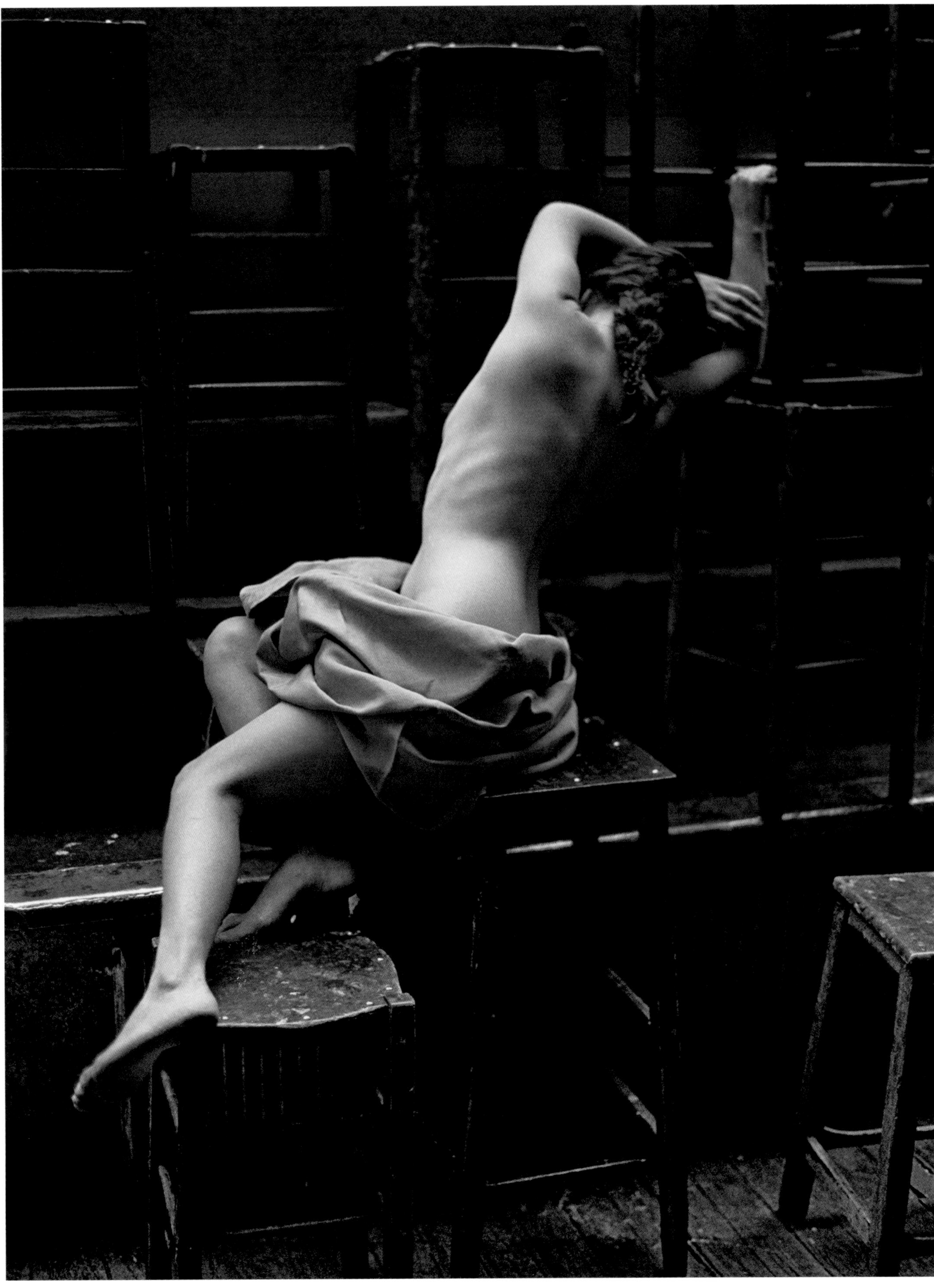

Déployée
Extended

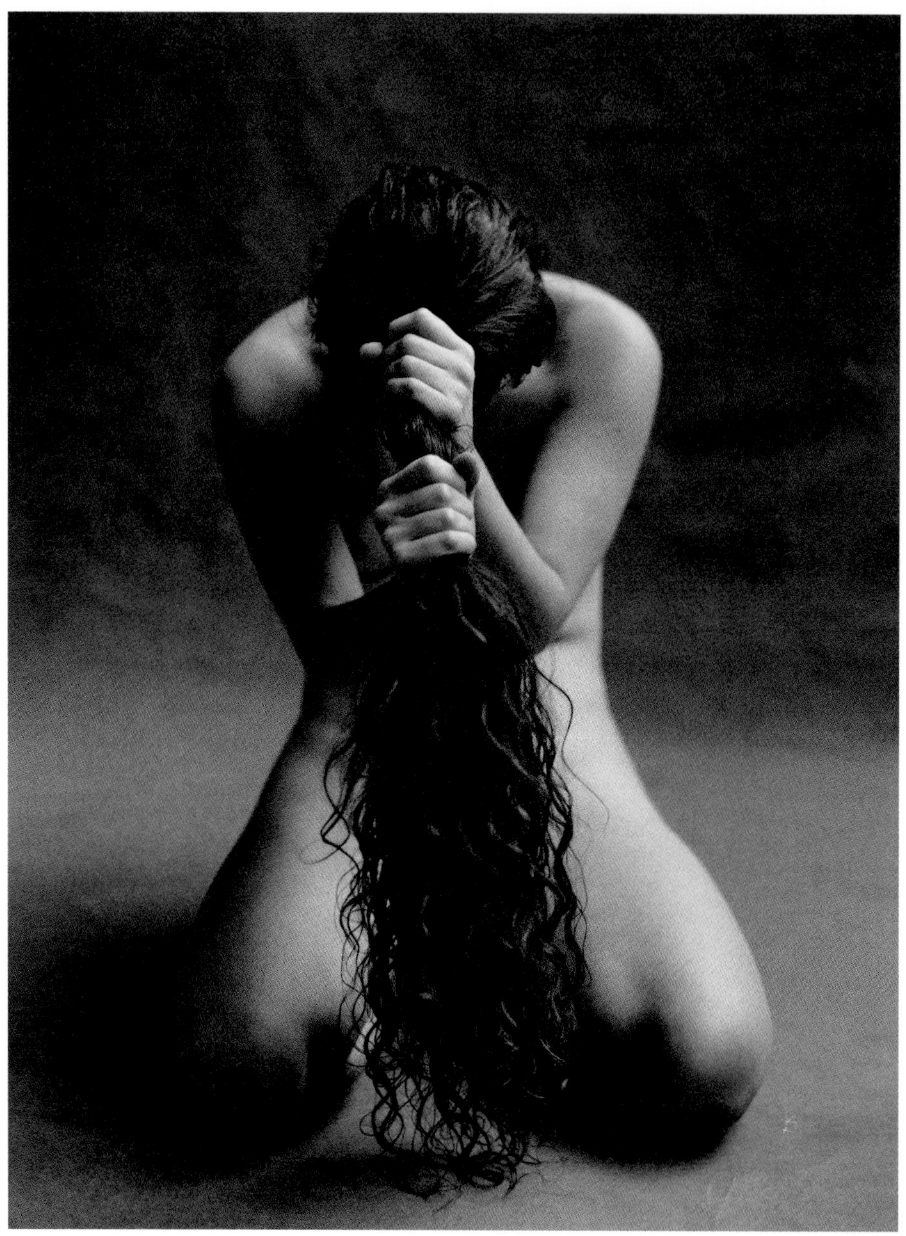

Cheveux tenus
Hair held

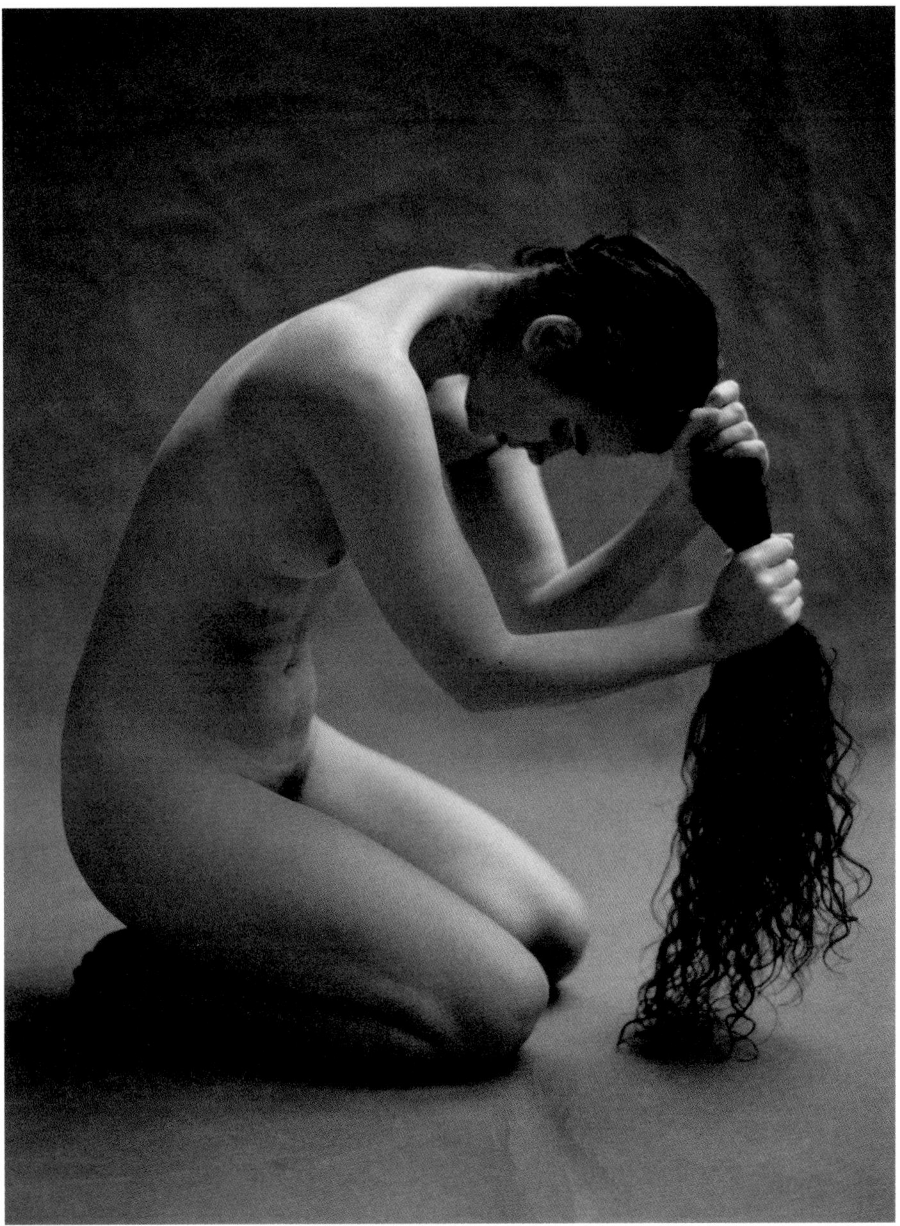

Cheveux tenus profil
Hair held in profile

*Lorsque je pose, je me sens comme sur une scène d'opéra, sauf que
je suis muette ! C'est mon corps qui chante. J'ai toujours voulu donner
une intention théâtrale à mes poses. Par ma respiration, je nourris
l'intention, la tension et le geste - puis je ressens et j'essaie
d'entrer en communication avec la ou les personnes qui peignent ou
photographient. Poser est en soi question de statique, mais étonnamment,
toujours dans le mouvement et dans une énergie dirigée. Et puis,
il y a ce que vous voulez dire et ce que votre corps dit pour vous…*

*When I'm posing, I feel like I'm on the stage of an opera, except that
I have no voice! It's my body that sings. I've always wanted to give
a theatrical intention to my poses. Through my breathing, I feed the
intention, the tension, and the gesture. Then I sense and try to enter
into communication with the person or persons who are painting or taking
the photographs. In itself, posing is about the static, but
surprisingly, it is always in motion and with a directed energy.
And then there's what you want to say and what your body says for you...*

*Élise*

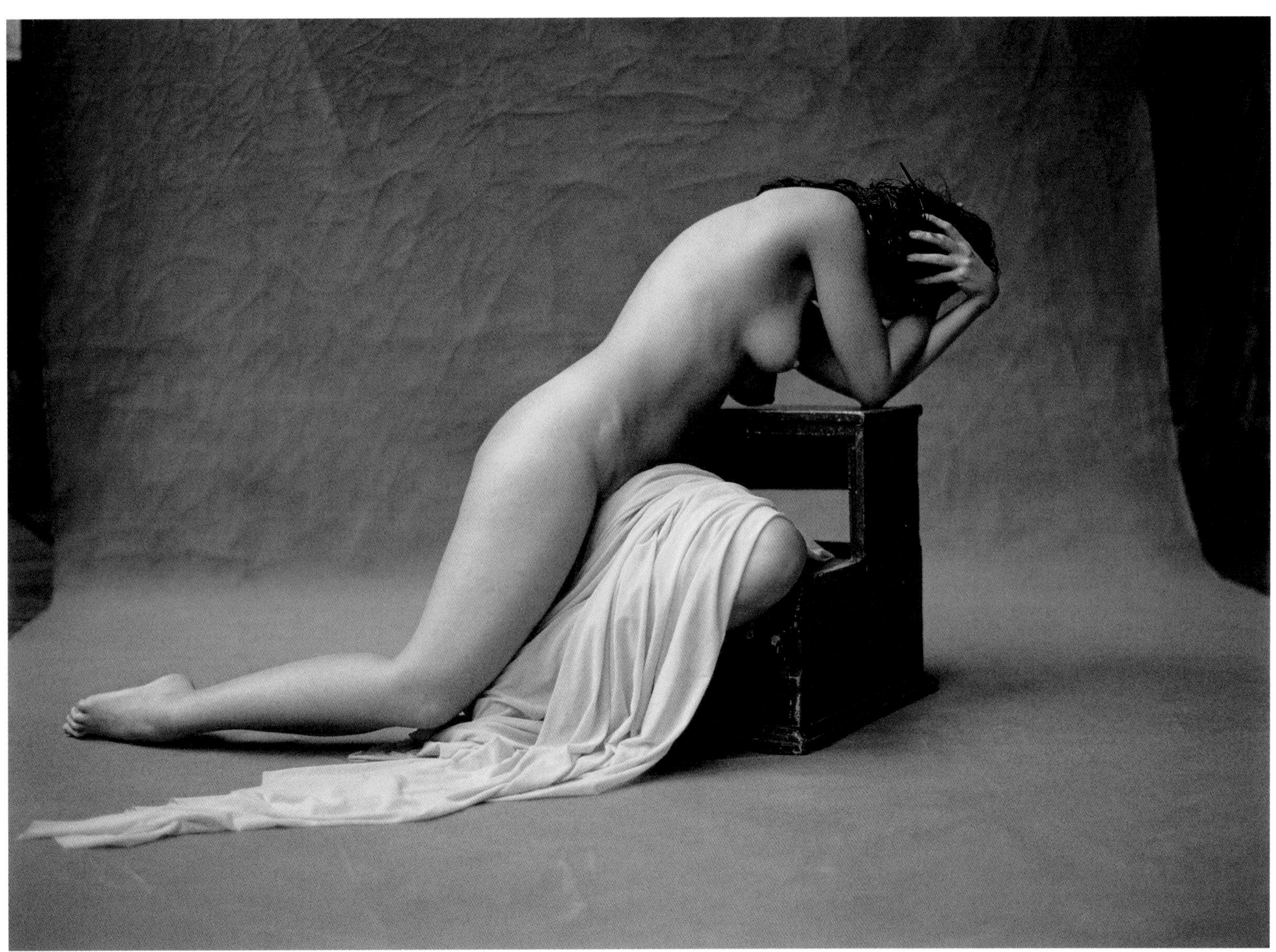

Lamentation
Lamentation

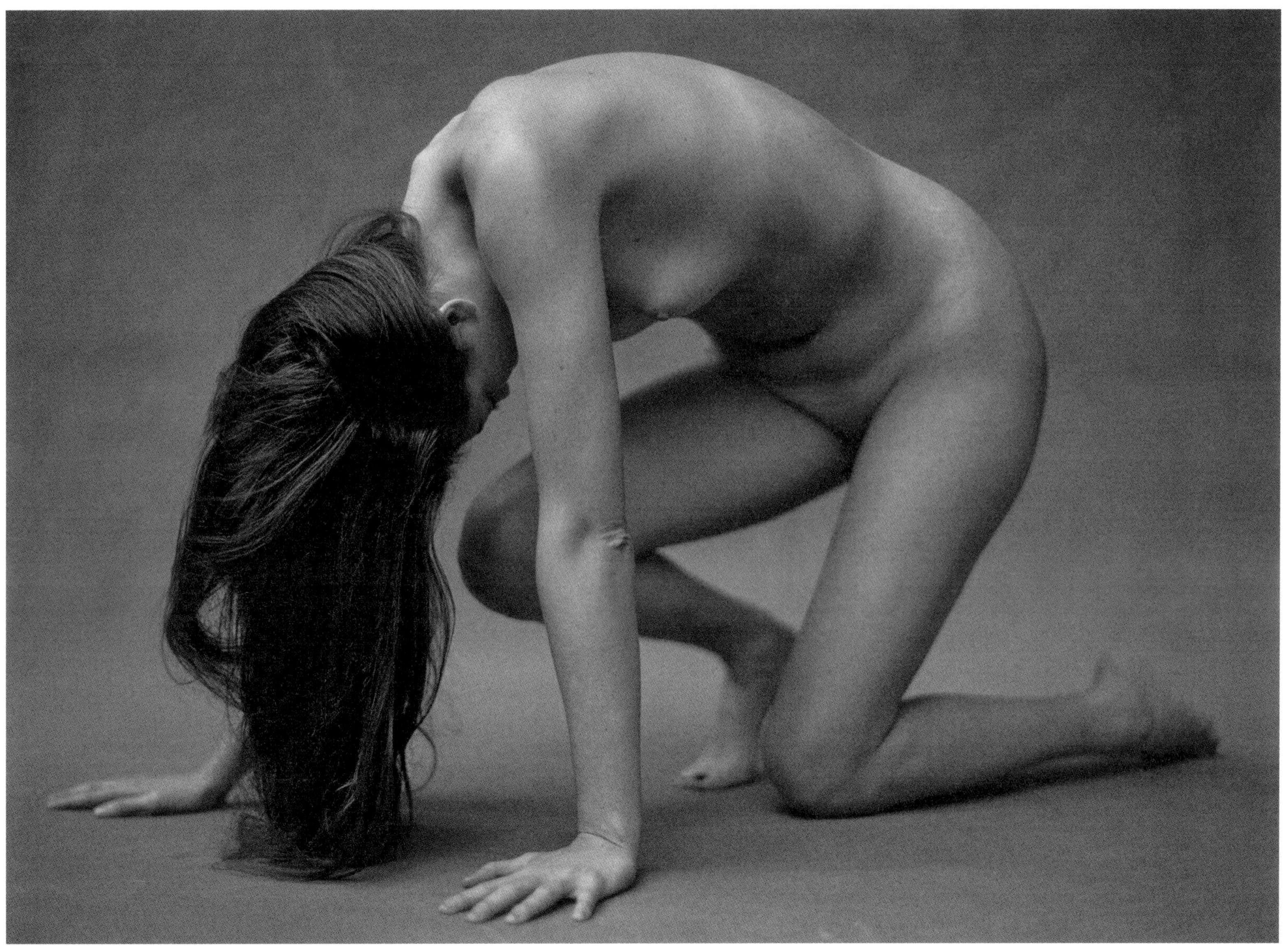

La chute
The fall

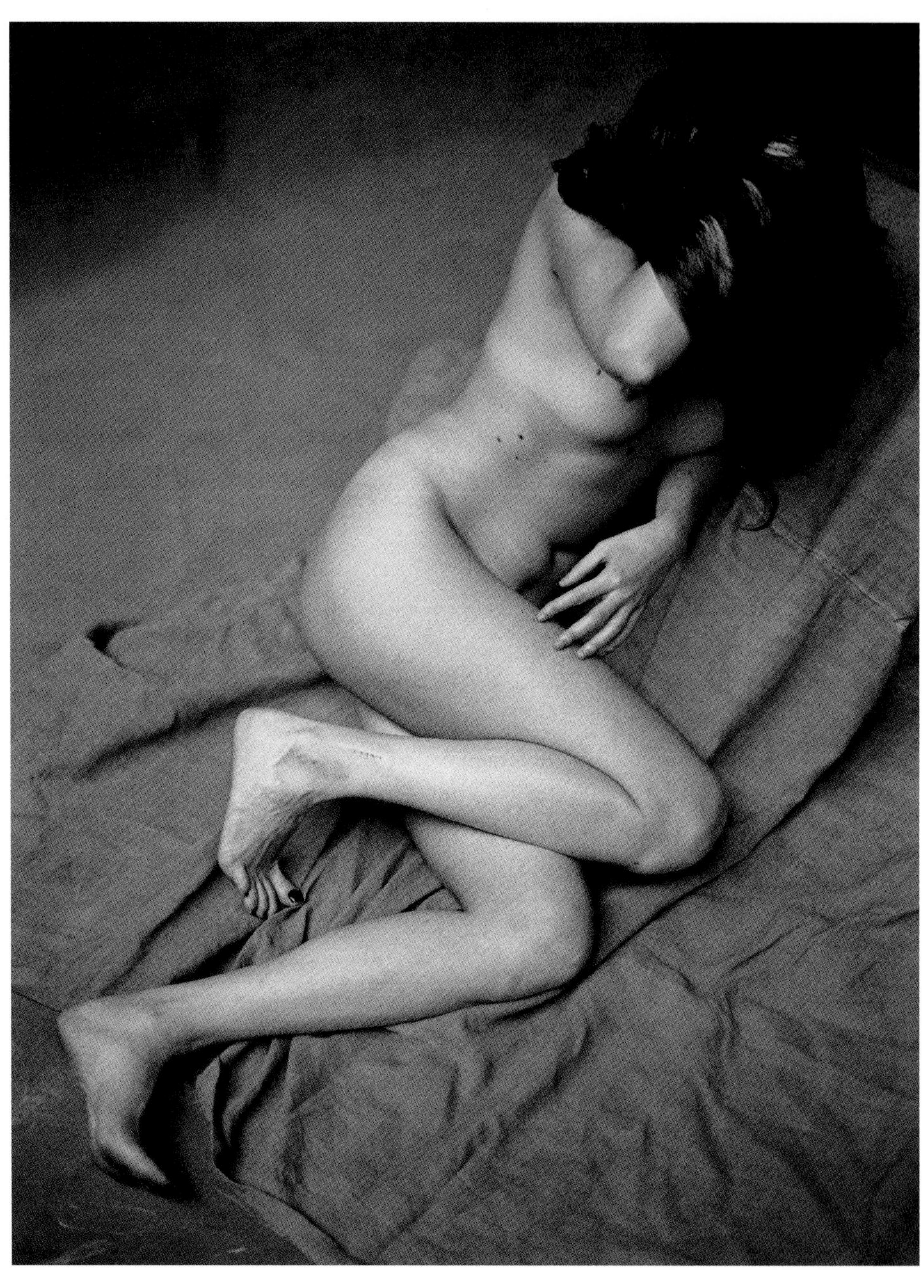

Cachée
Hidden

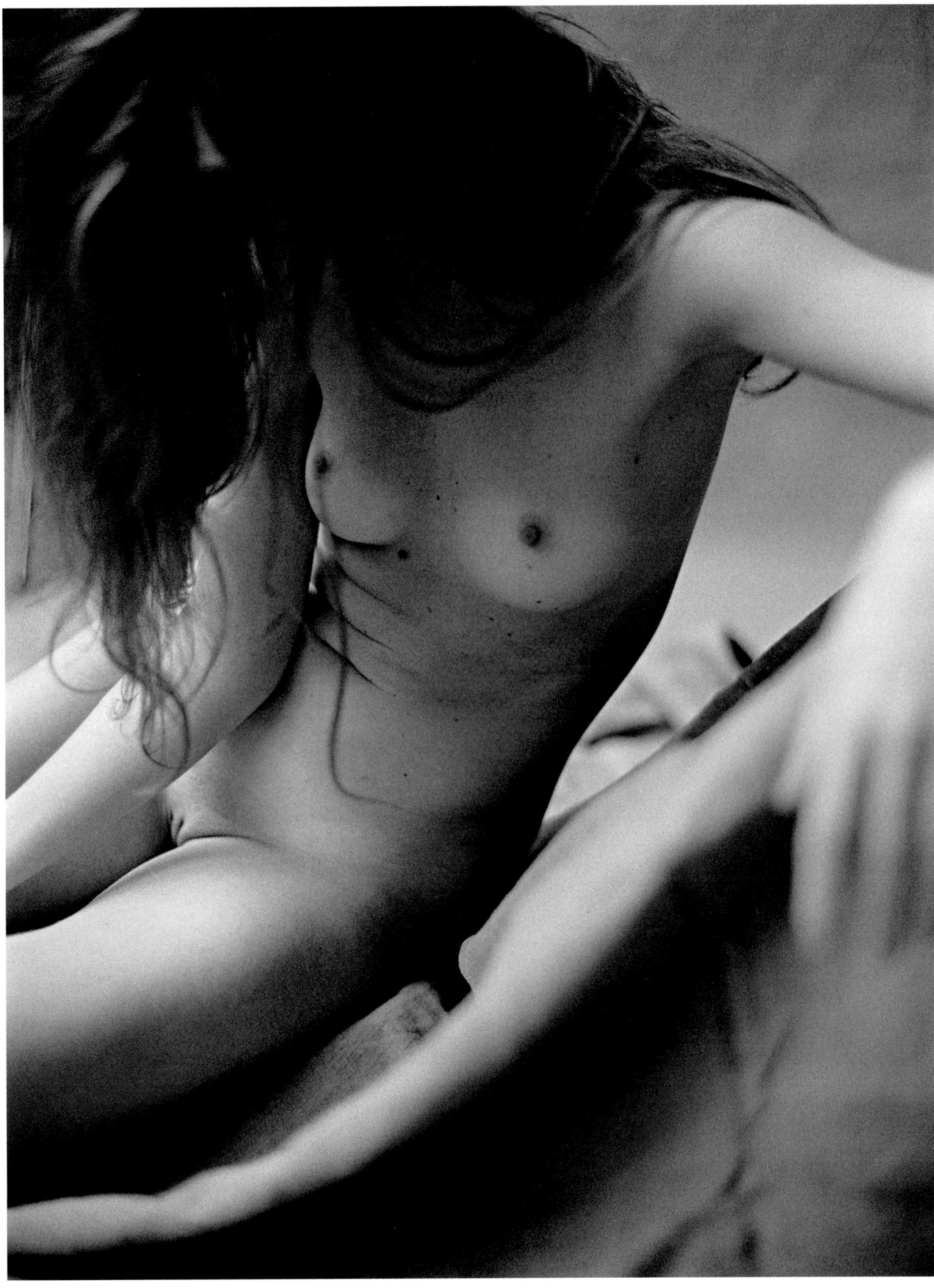

Pudeur
Modesty

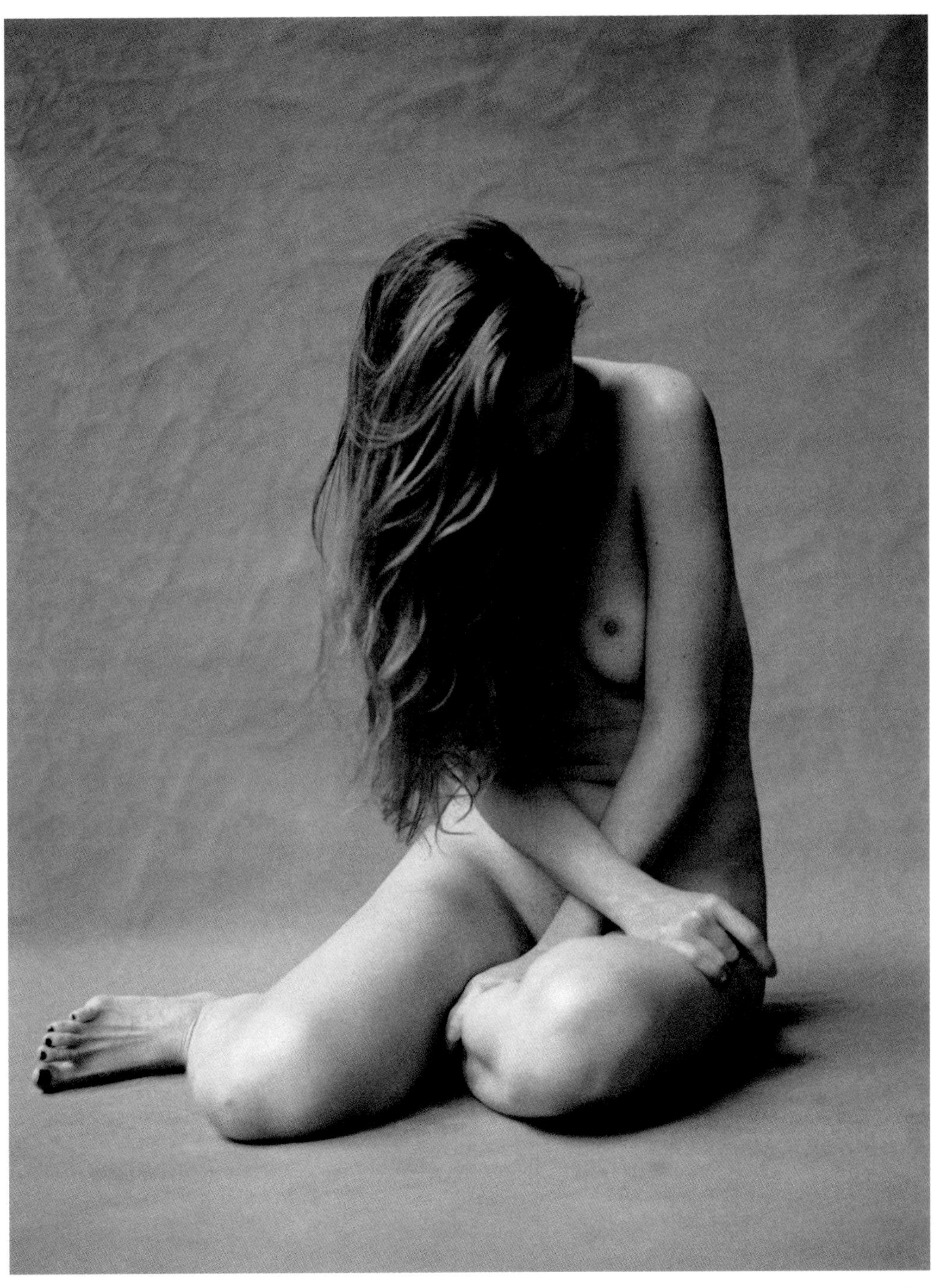

Seule (2)
Alone (2)

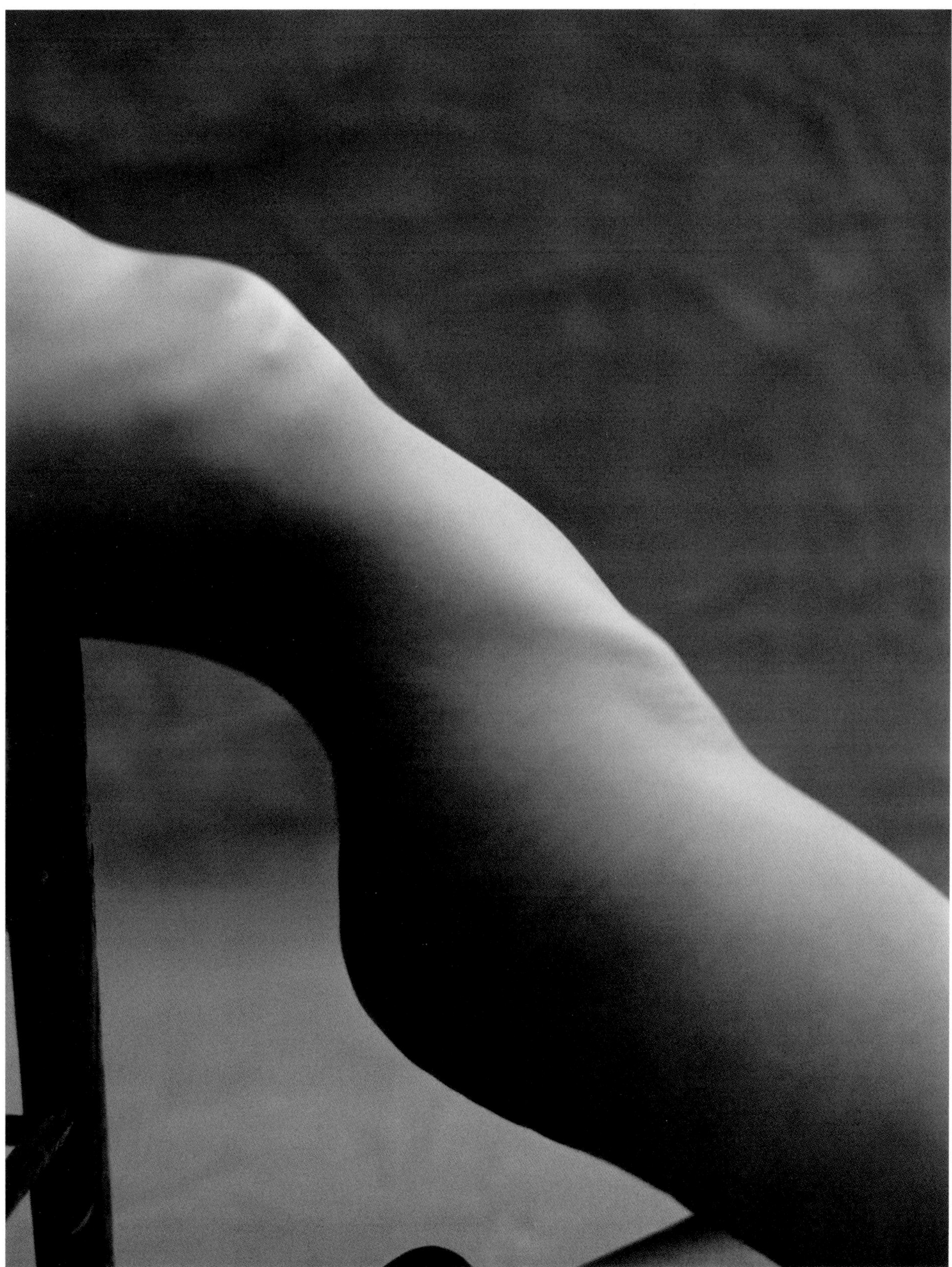

La petite diagonale
The small diagonal

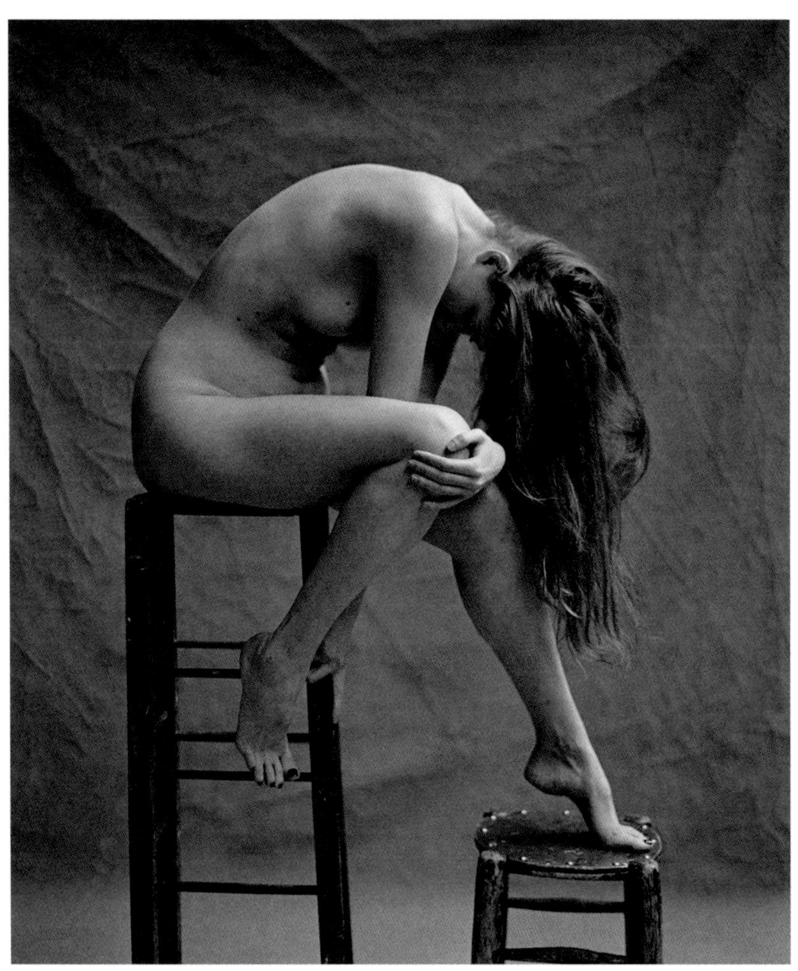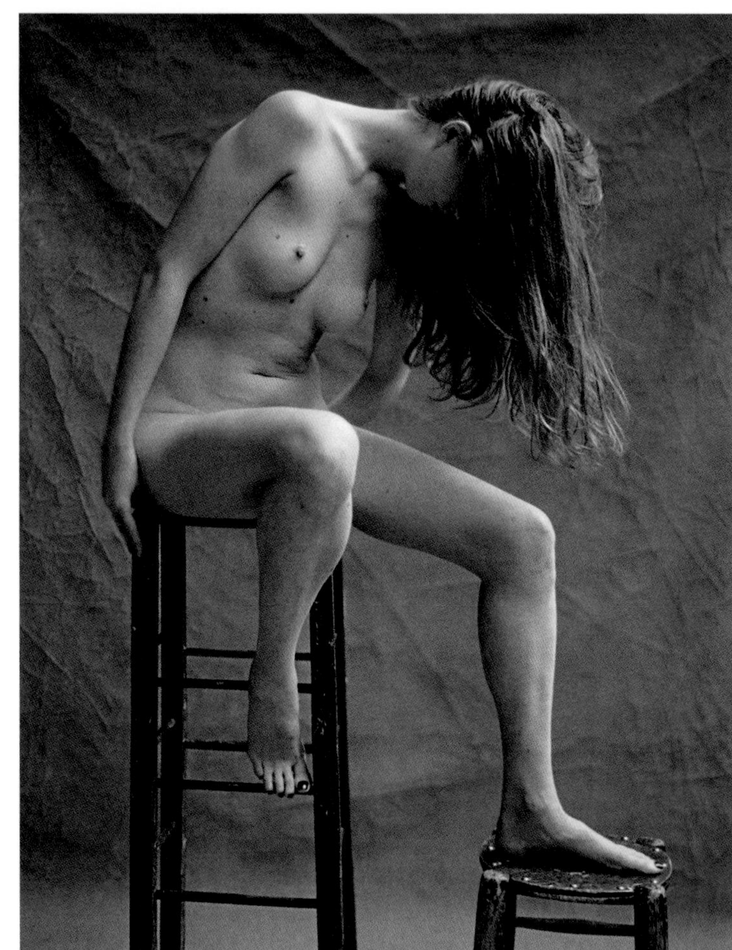

Triptyque, étude nue assise
Triptych, seated nude study

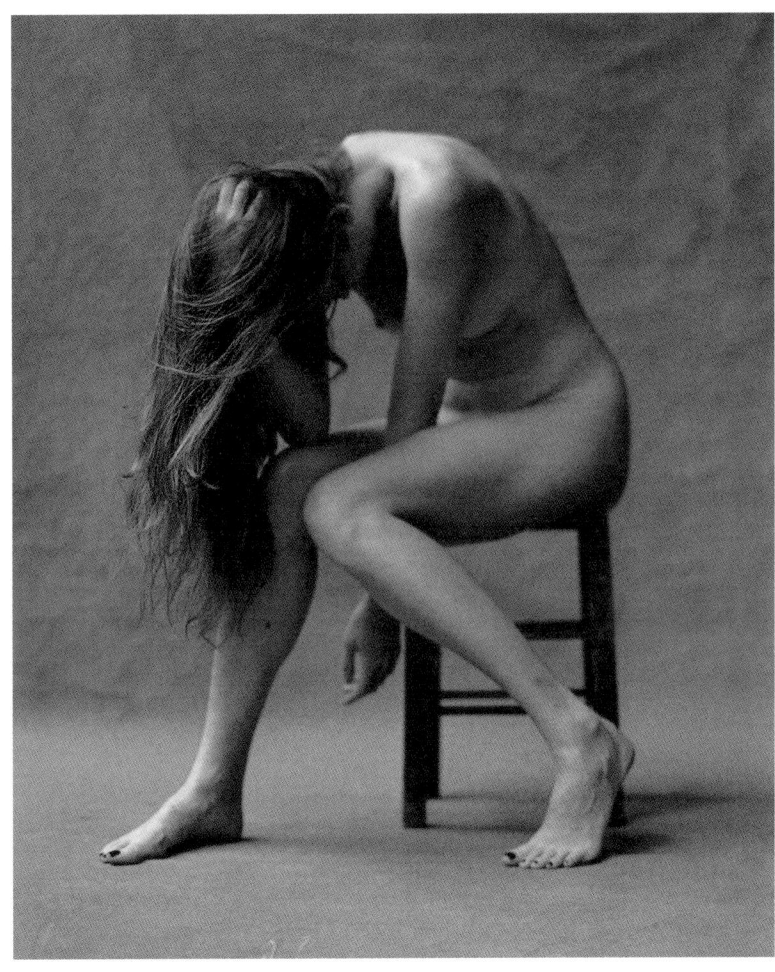

*Quelle température fait-il sur une peau qui tremble, faussement
alanguie sur un tas de soieries? Combien de temps encore à écouter
battre son pouls alors qu'un étirement léger devient intenable ?
Une mèche de cheveux s'est déposée là. Caressante, elle finira par
inonder l'esprit d'une démangeaison décuplée. Menteur éhonté, le genou
affirmera qu'il peut soutenir la cuisse. Le coude sera socle,
mais l'épaule le trahira. Dans ces instants où le corps défaillant
pourrait s'abandonner tout entier, une chose maintient la pose.
Le muscle est souple, l'esprit l'est plus encore.
Cette chose, c'est la brise. L'effleurement d'un courant d'air
sur la courbure d'un ventre. C'est l'instant qui se fige, avec lequel
nous ne faisons qu'un.*

*What is the temperature of a trembling skin, falsely languid on a pile
of silks? How much longer can you listen to your pulse when a slight
stretch becomes unbearable?
A lock of hair has settled there. Its touch will end up flooding your
mind with an unbearable itch. Shamelessly lying, the knee will claim
that it can support the thigh. The elbow will stand, but the shoulder
will betray it.
In those moments when the failing body could abandon itself entirely,
one thing holds the pose. The muscle is supple, the mind even more so.
That thing is the breeze. The touch of a draught on the curve of a belly.
Time stands still, you become one with the moment.*

*Éléonore*

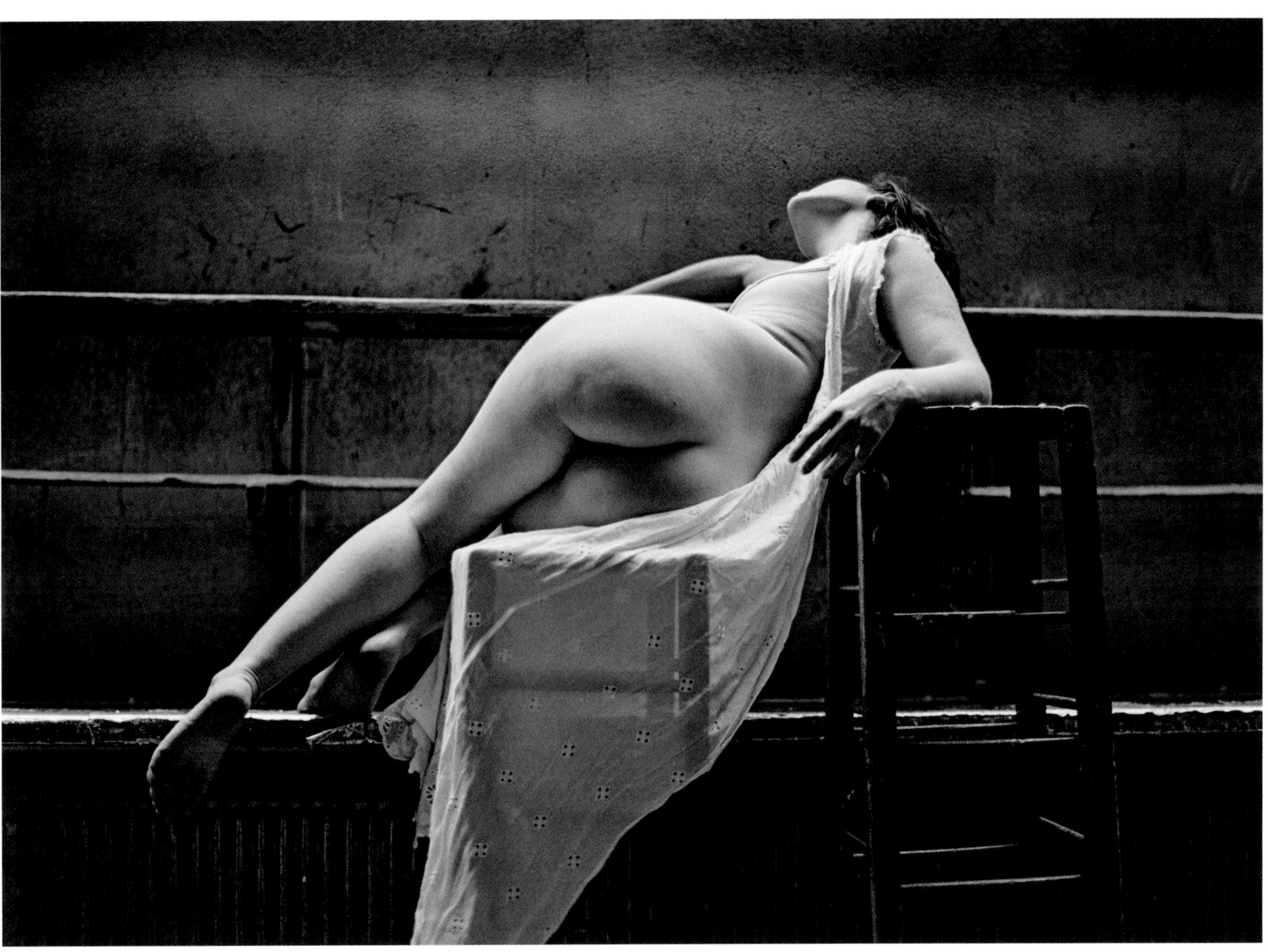

La majestueuse
Majesty

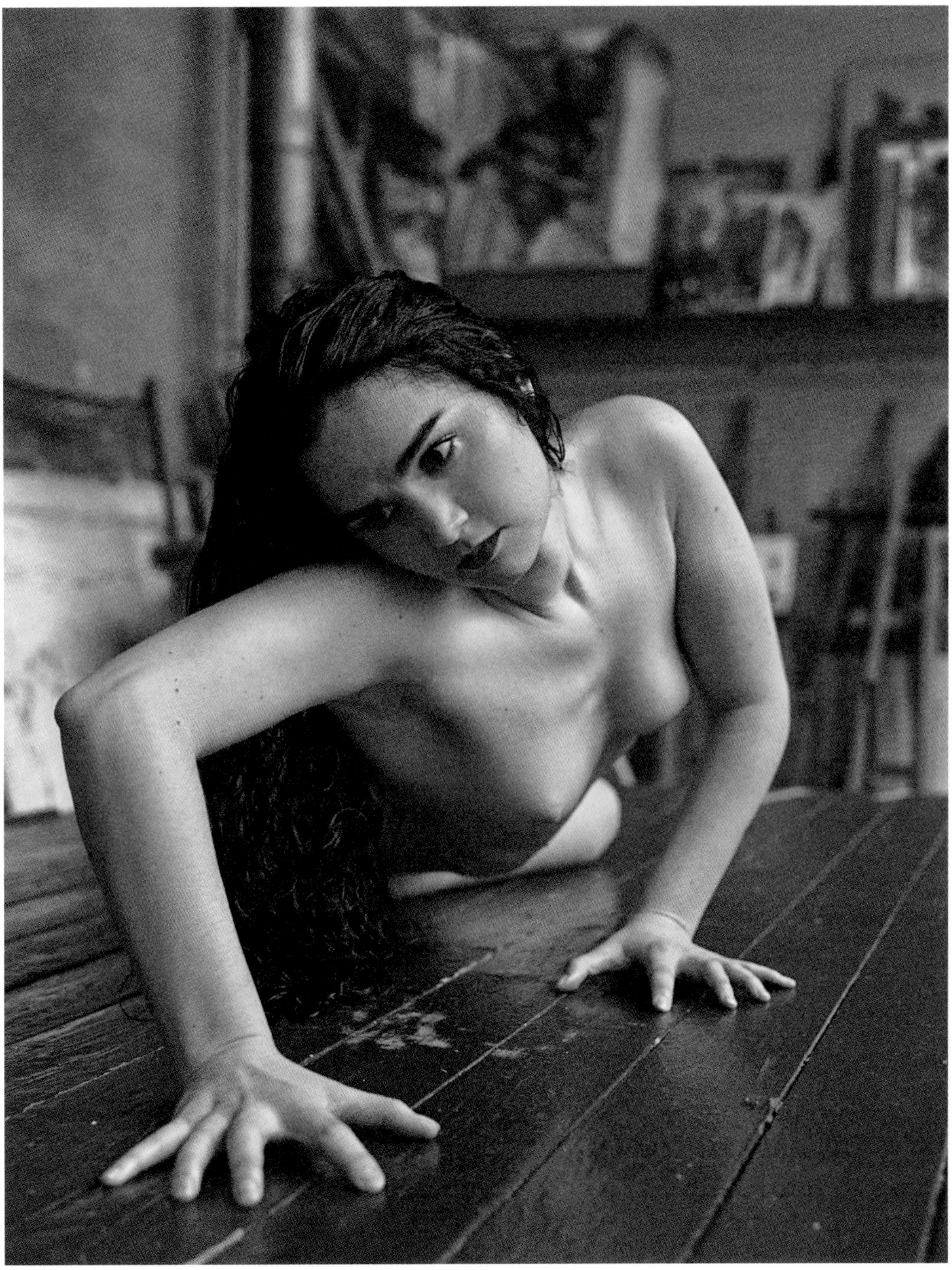

La surréaliste
The surrealist

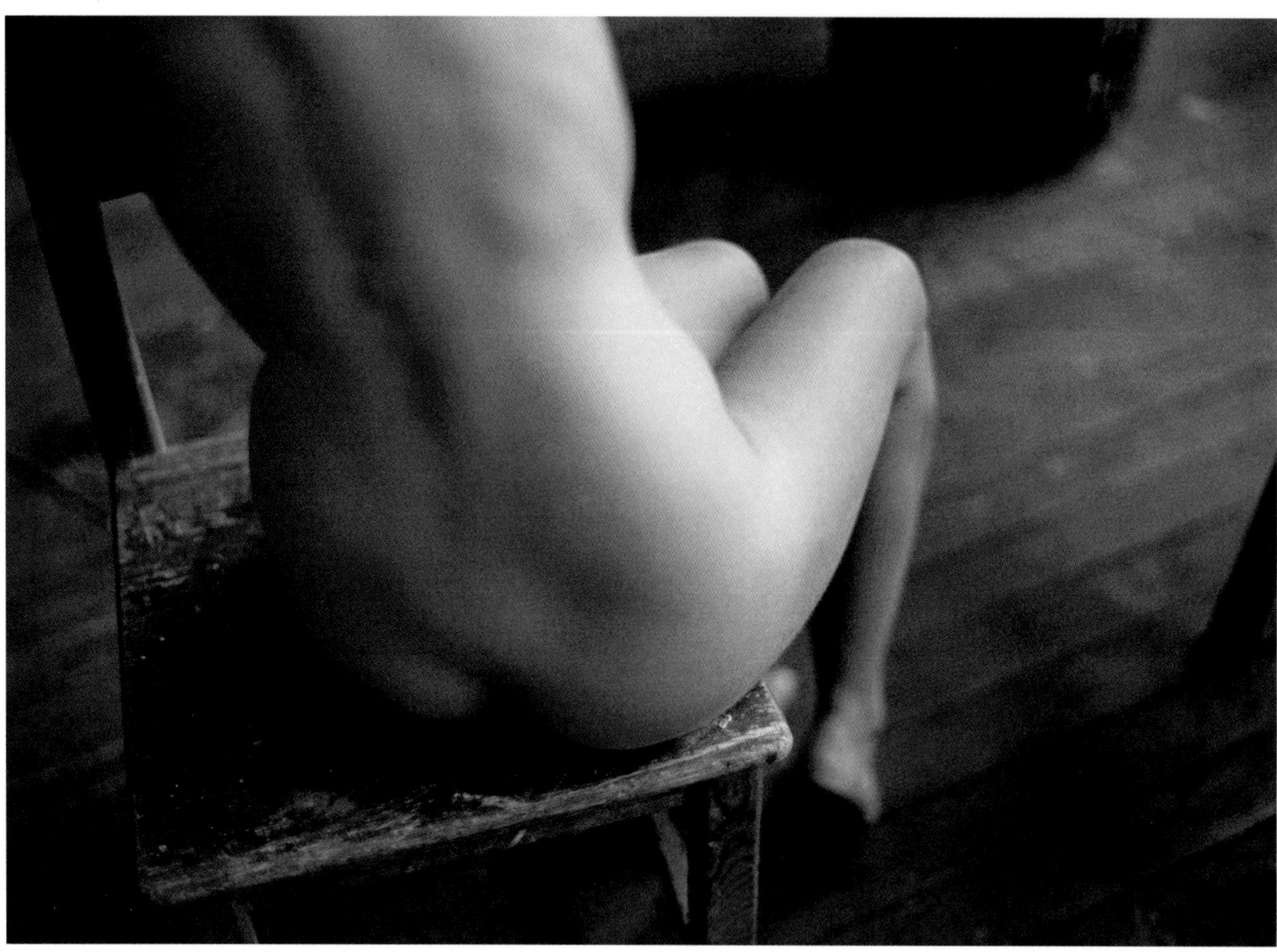

Assise sur chaise
Seated on a chair

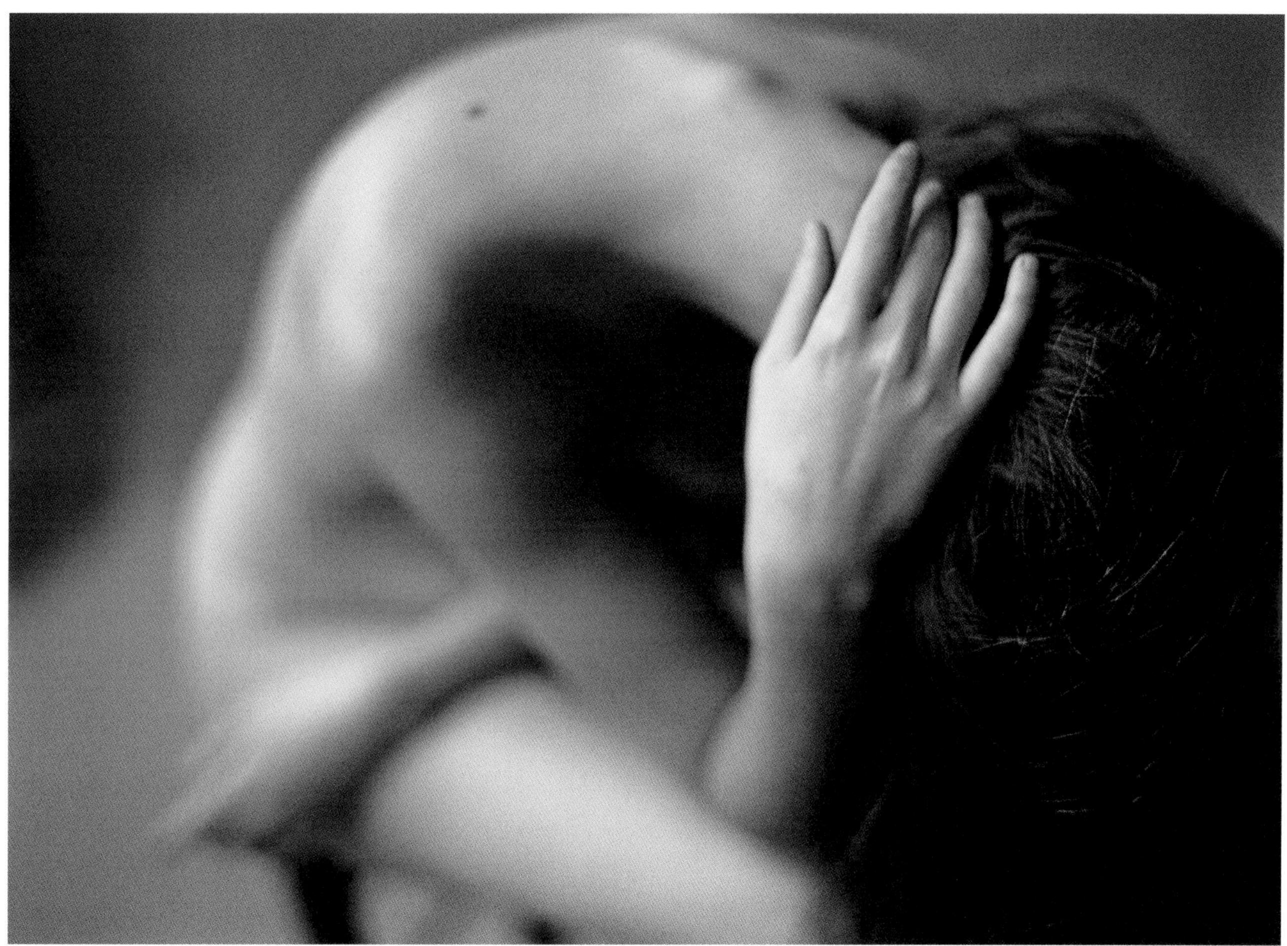

La délicate ligne
The delicate line

*La nudité, c'est de se voir nu.*

*Nudity is to see that one is naked.*

*Victor Hugo*

La question du regard se pose.

Mon objectif se pose sur le corps nu d'une femme : qu'est-ce que cela implique ?
Je pense que le regard s'éduque, en l'occurrence mes séances étaient assez
factuelles, et très concentrées. Il fallait que mon regard trouve son chemin,
j'avançais comme un équilibriste sur un fil, entre la banalité des corps et leur
majesté. Il fallait trouver un écho, un sens à cette étape de mon travail de
photographe. Je me refusais à toute forme d'érotisation, ce n'était pas ce que
je recherchais. J'étais comme le peintre dans l'atelier, confronté à la réalité.
Photographier le nu est très technique. C'est épuisant, car difficile voire impossible
à réussir.



The question of the gaze arises.

My lens focuses on the naked body of a woman: What does that imply?
I think you have to educate your gaze, and in this case my sessions were quite factual
and focused. My gaze had to find its way, and I moved like a tightrope walker between
the banality of the bodies and their majesty. I had to find an echo, a meaning to this
part of my work as a photographer. I rejected any form of eroticism, which wasn't
what I was looking for. I was like the painter in the studio, confronted with reality.
Nude photography is very technical. It's exhausting, because it's difficult—if not
impossible—to do well.

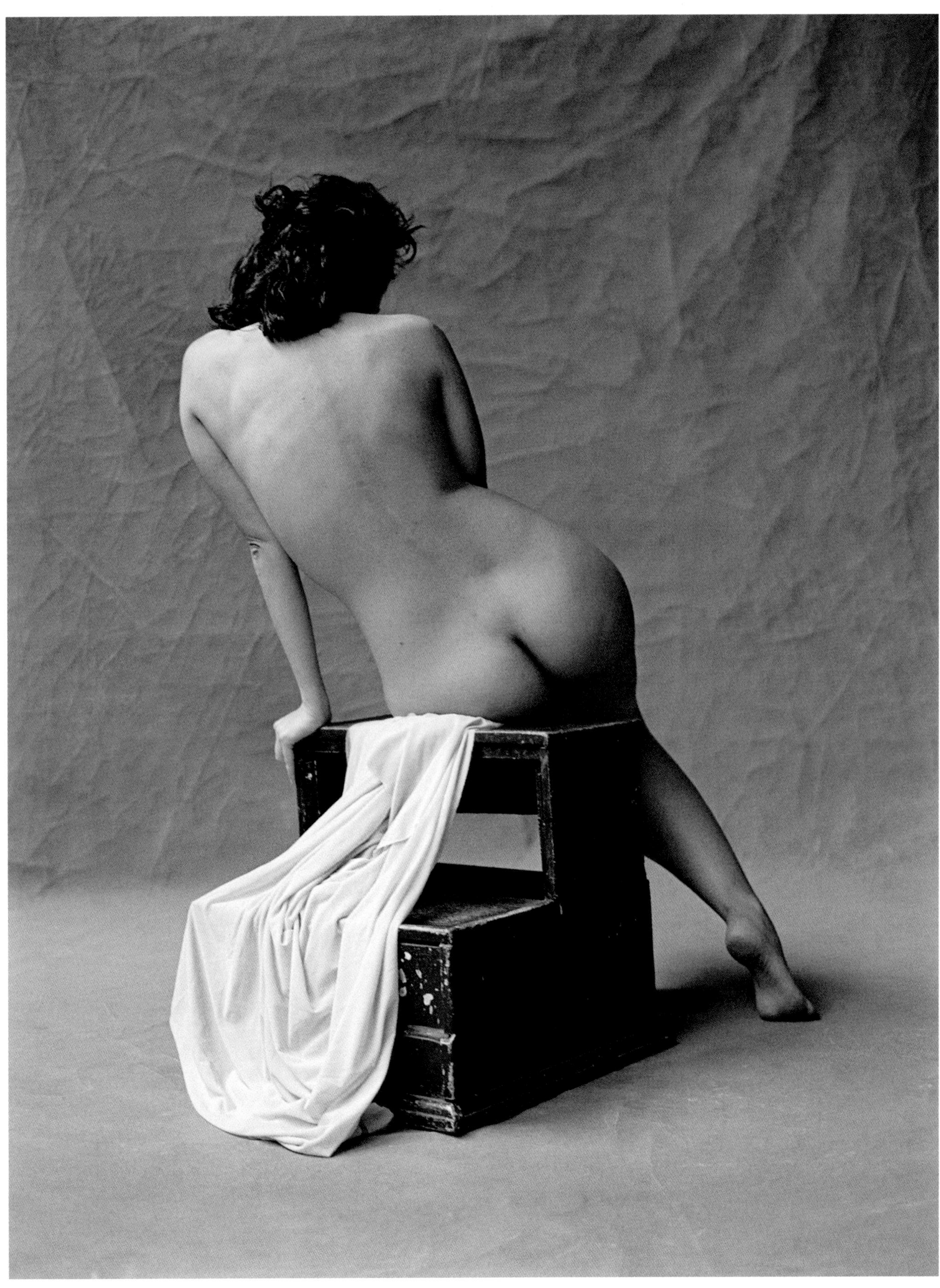

Étude, assise de dos
Study, seated back

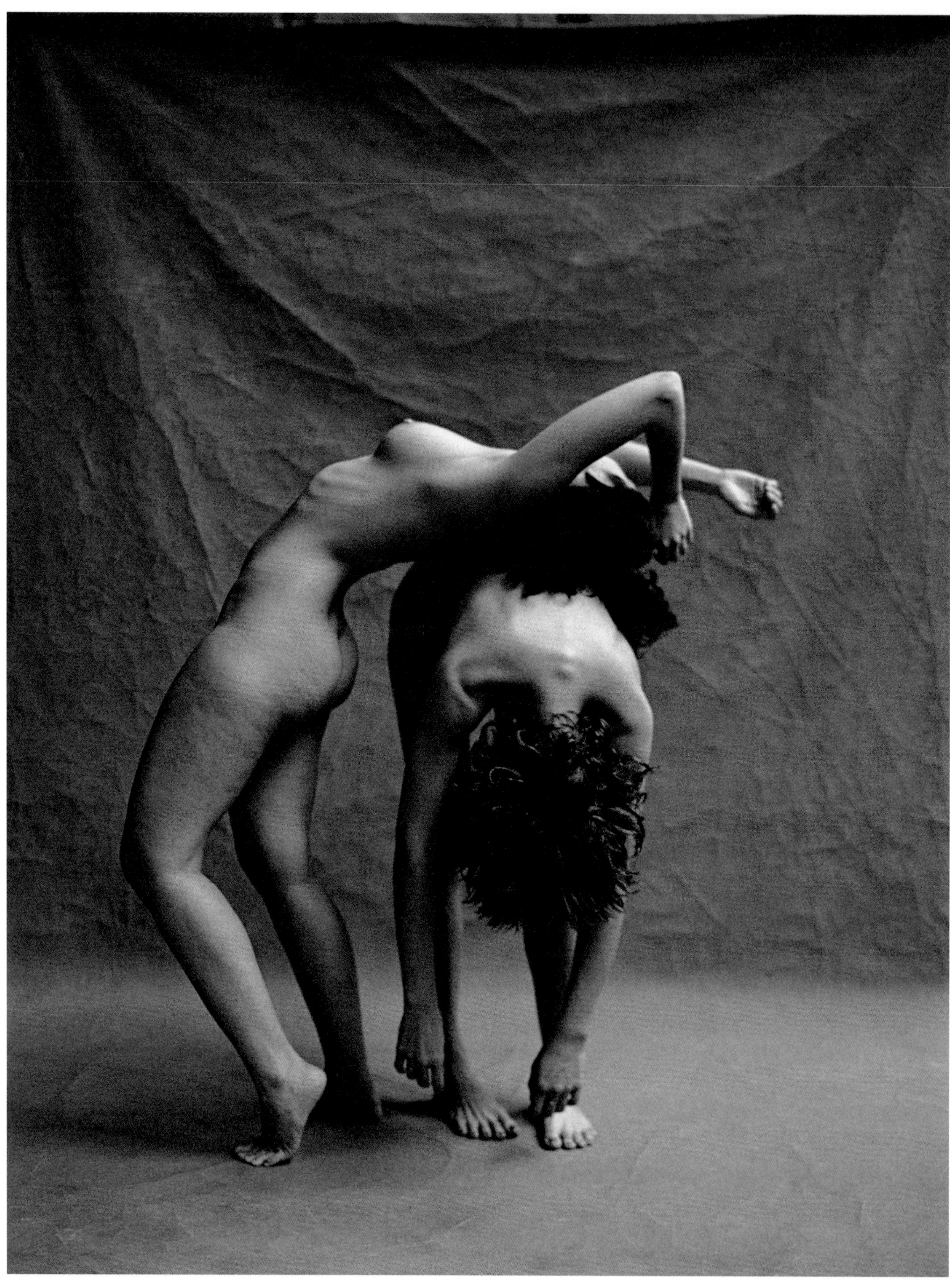

Danse joyeuse
Joyous dance

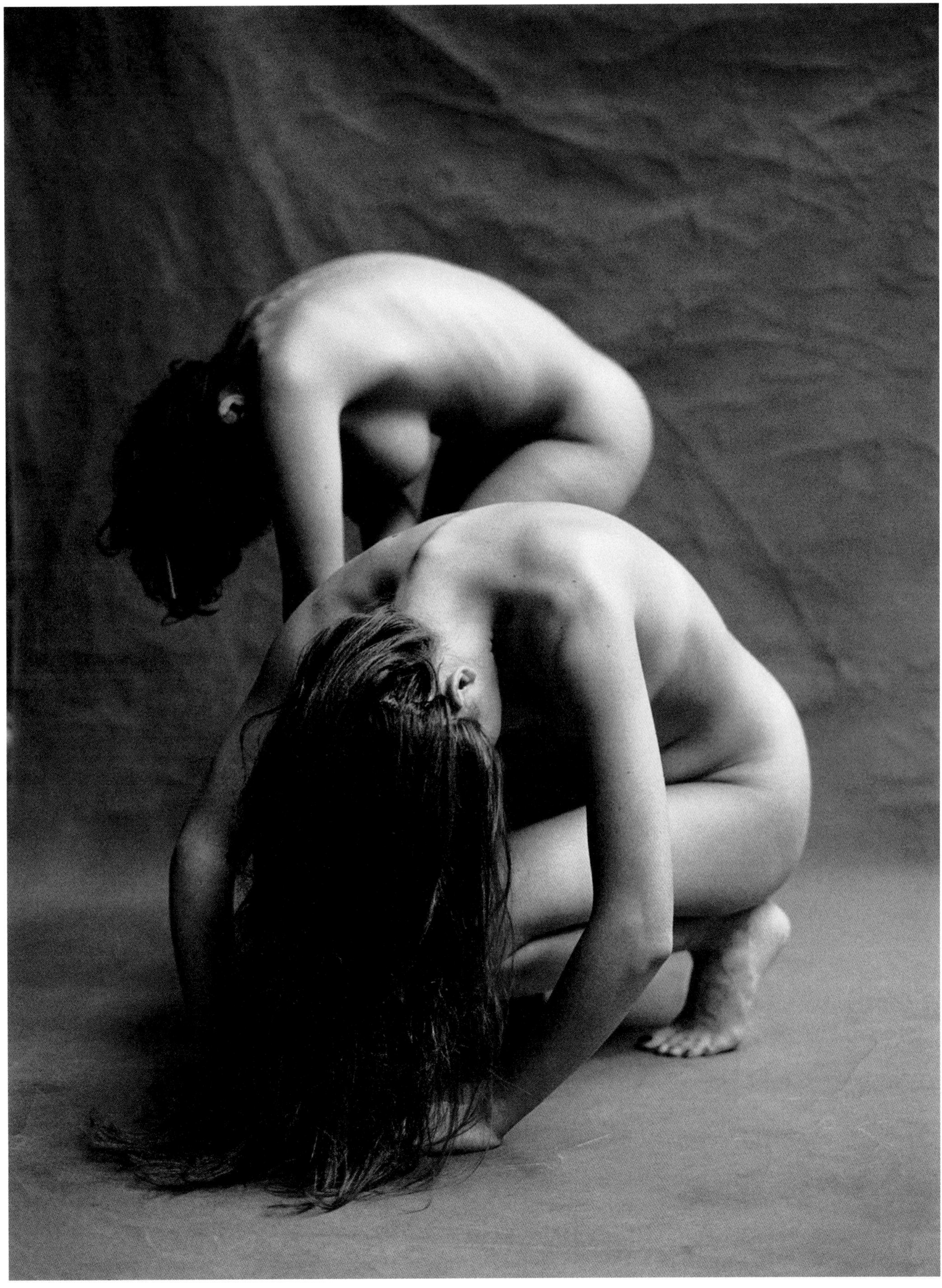

Les regrets
Regrets

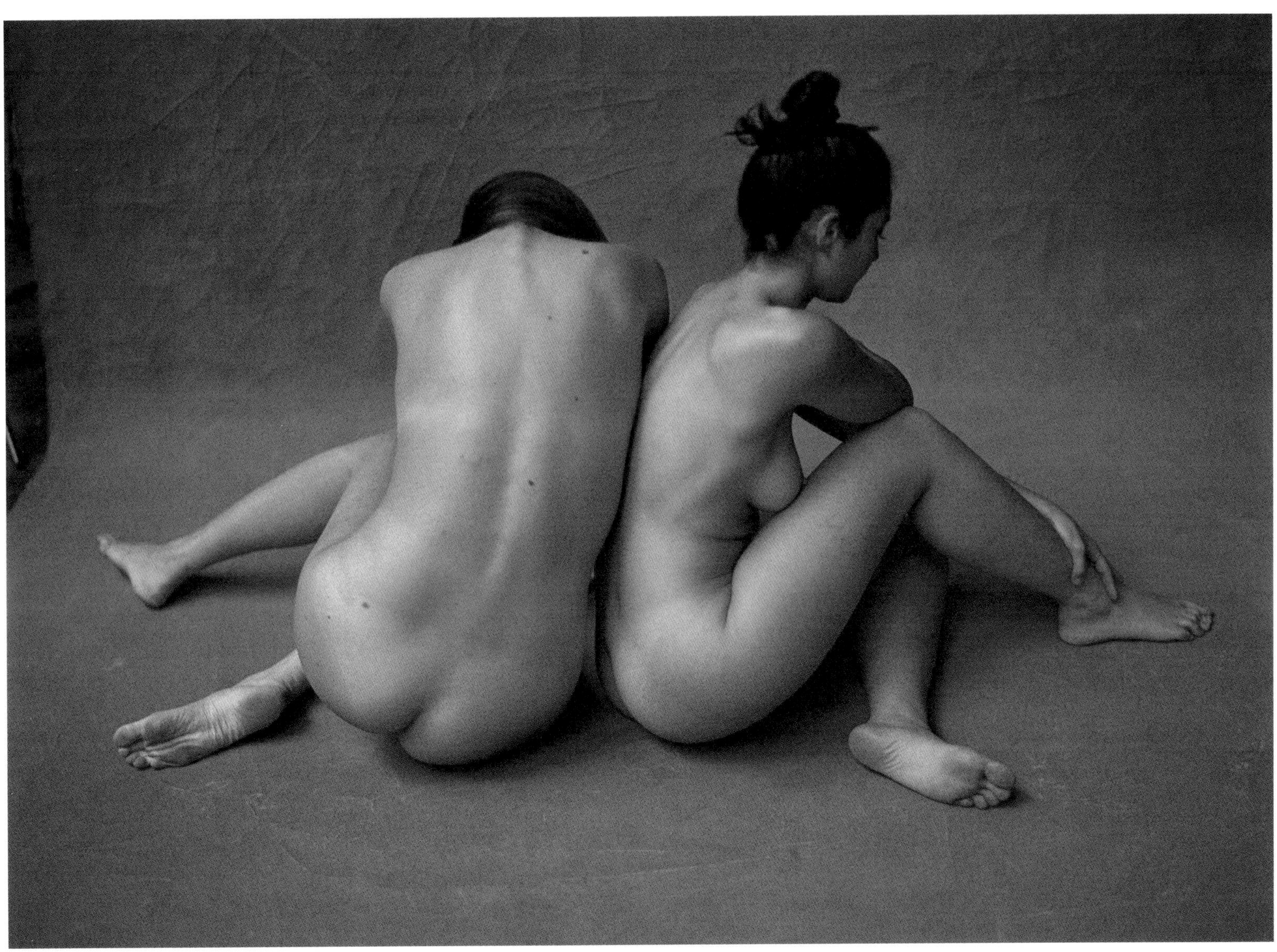

La dispute
The quarrel

*Sur la sellette.*

*Dans l'atelier, pas un mot. À l'abri du tumulte de la ville,*
*nous sommes figés dans un monde parallèle où règne l'imagination.*
*Je propose une pose. Une courte cette fois, d'à peine quelques instants.*
*Le souffle court, mes muscles bandés, je me donne sans flancher.*
*Les yeux fermés, concentrée, je perçois ses mouvements autour de moi,*
*son pas lent qui arpente l'espace en quête du meilleur angle.*
*Tout n'est que concentration, attention et émotion. Silence.*
*Puis soudain, le déclic. La sellette comme une scène.*


In the hot seat.

In the studio, not a word. Sheltered from the hustle and bustle
of the city, we are frozen in a parallel world where imagination reigns
supreme. I suggest a pose. A short one this time, lasting just a few
moments. Short of breath, muscles tensed, I give it my all without
flinching. My eyes closed, concentrated, I can feel his movements around
me, his slow steps surveying the space in search of the best angle.
Everything is concentration, attention, and emotion. Silence.
Then suddenly, the click. The stool as a stage.

*Mossa*

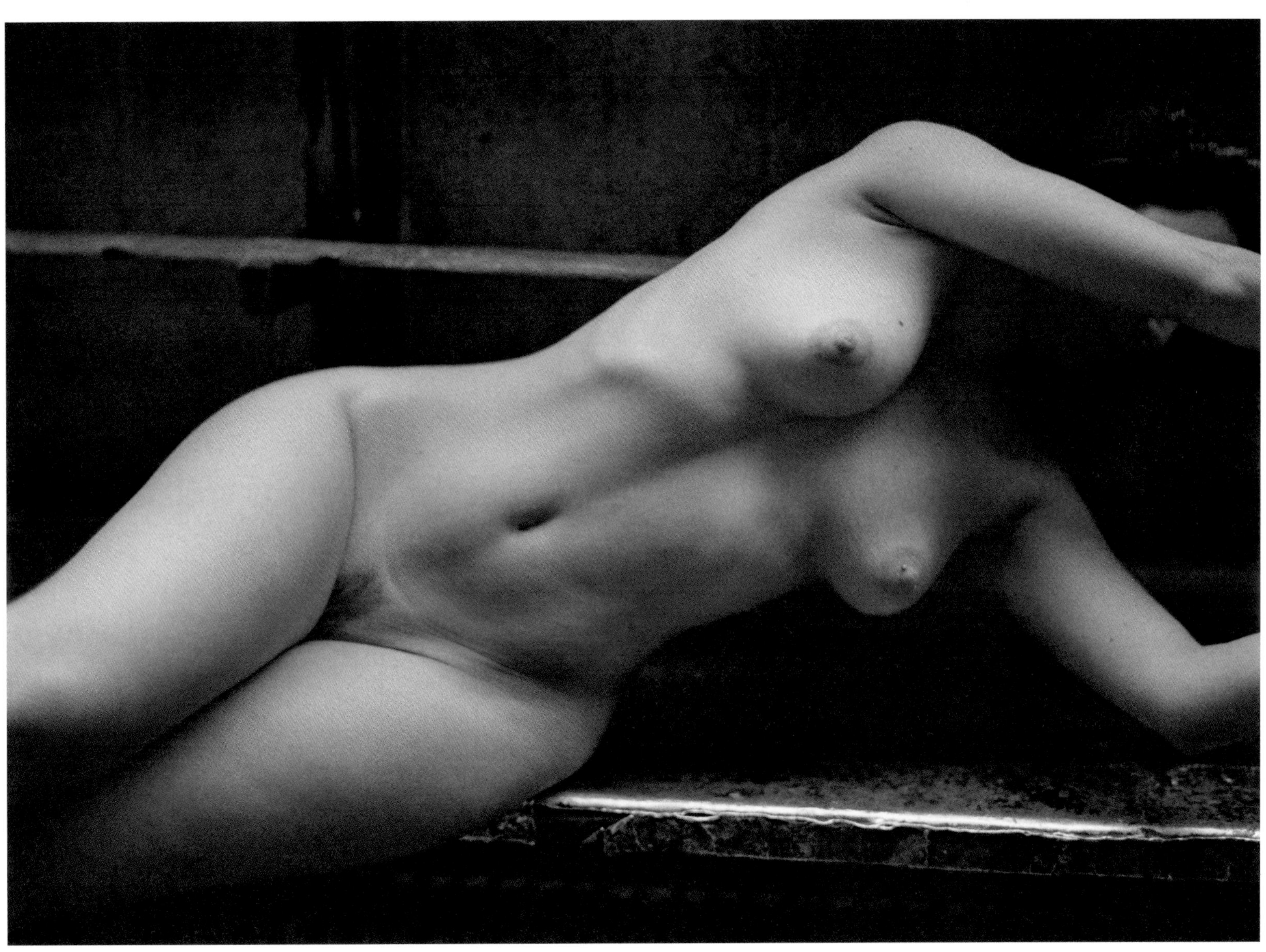

Buste couché
Reclining bust

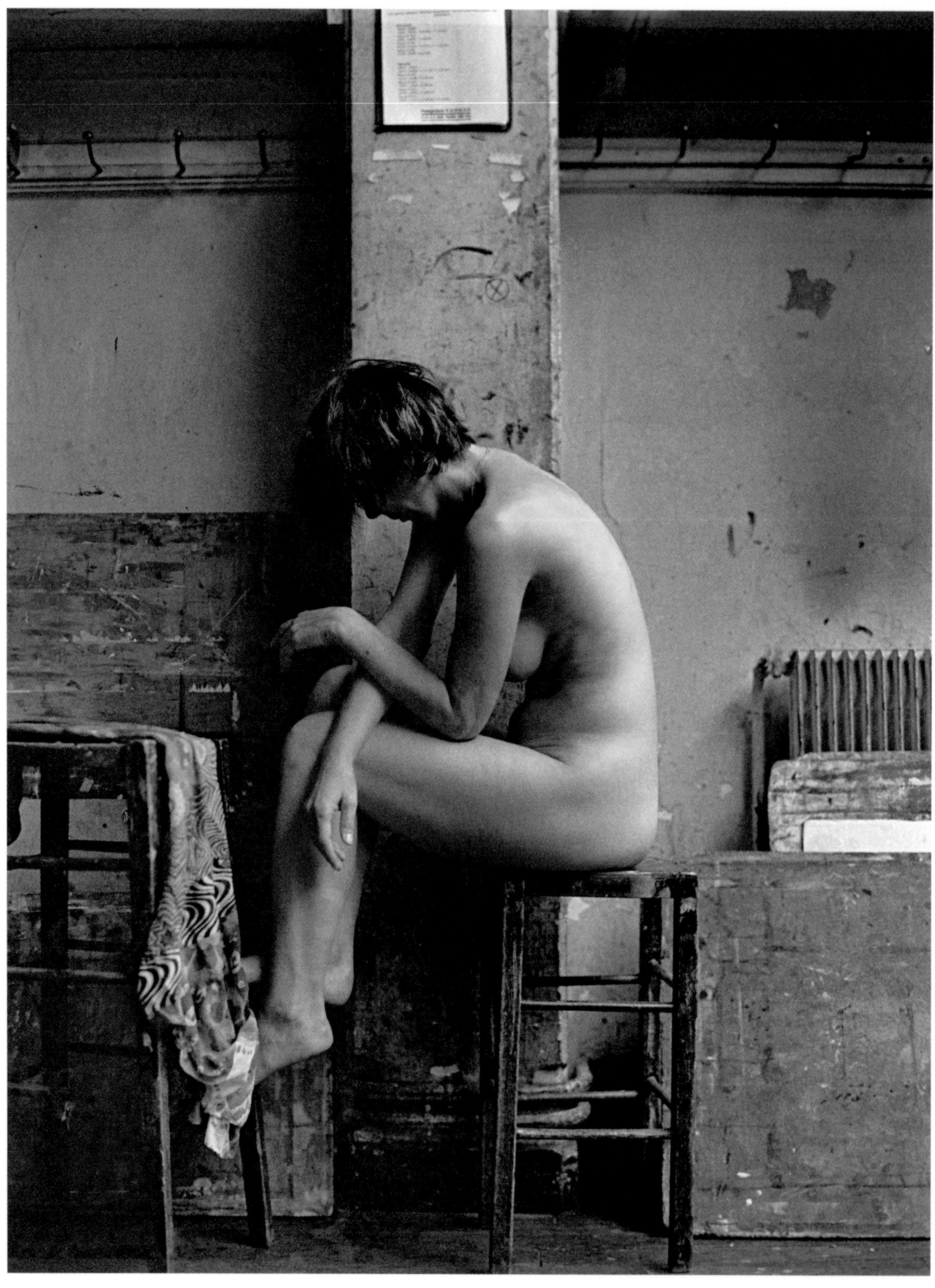

Réflexion
Reflection

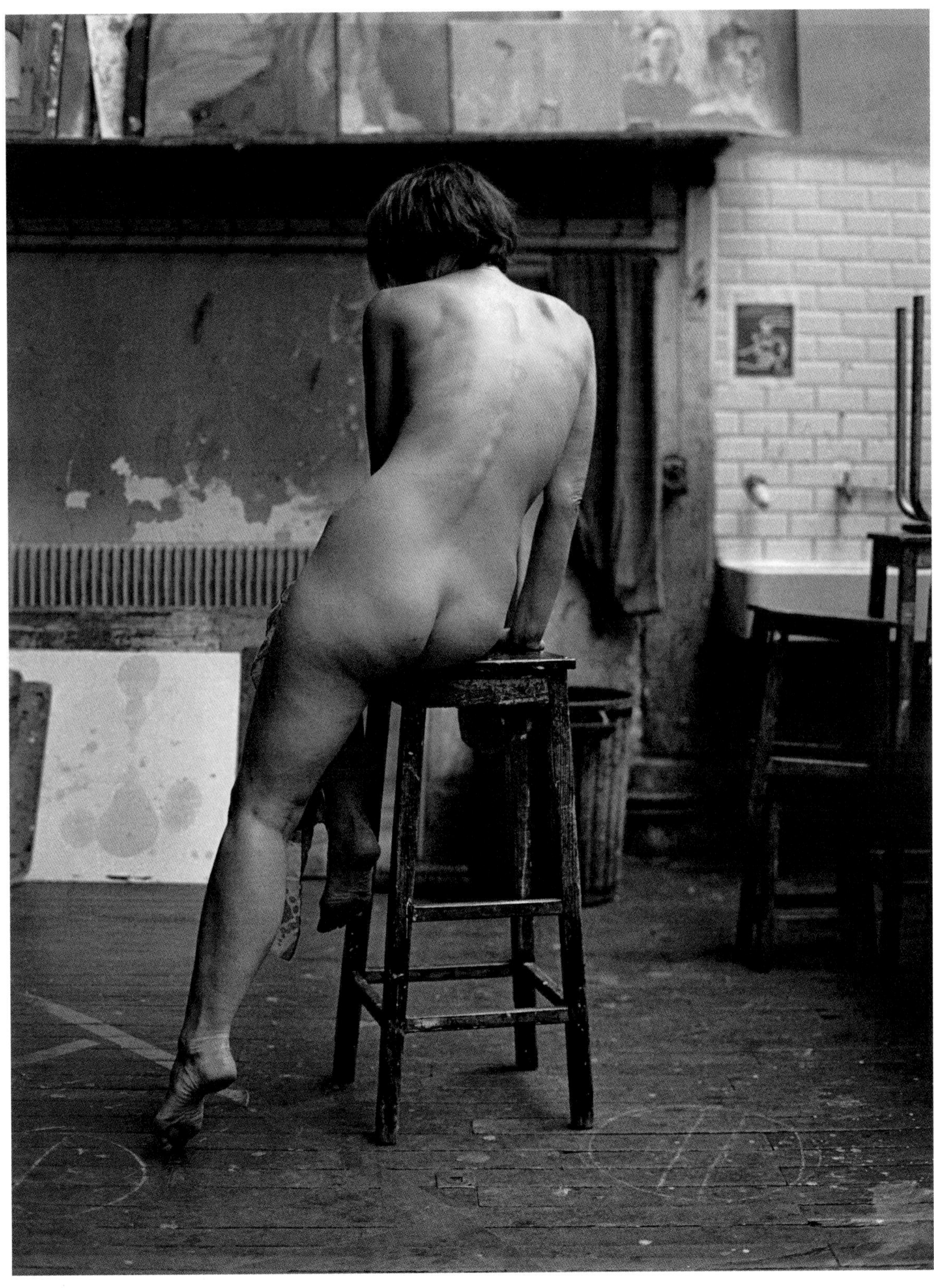

L'attente (2)
Waiting (2)

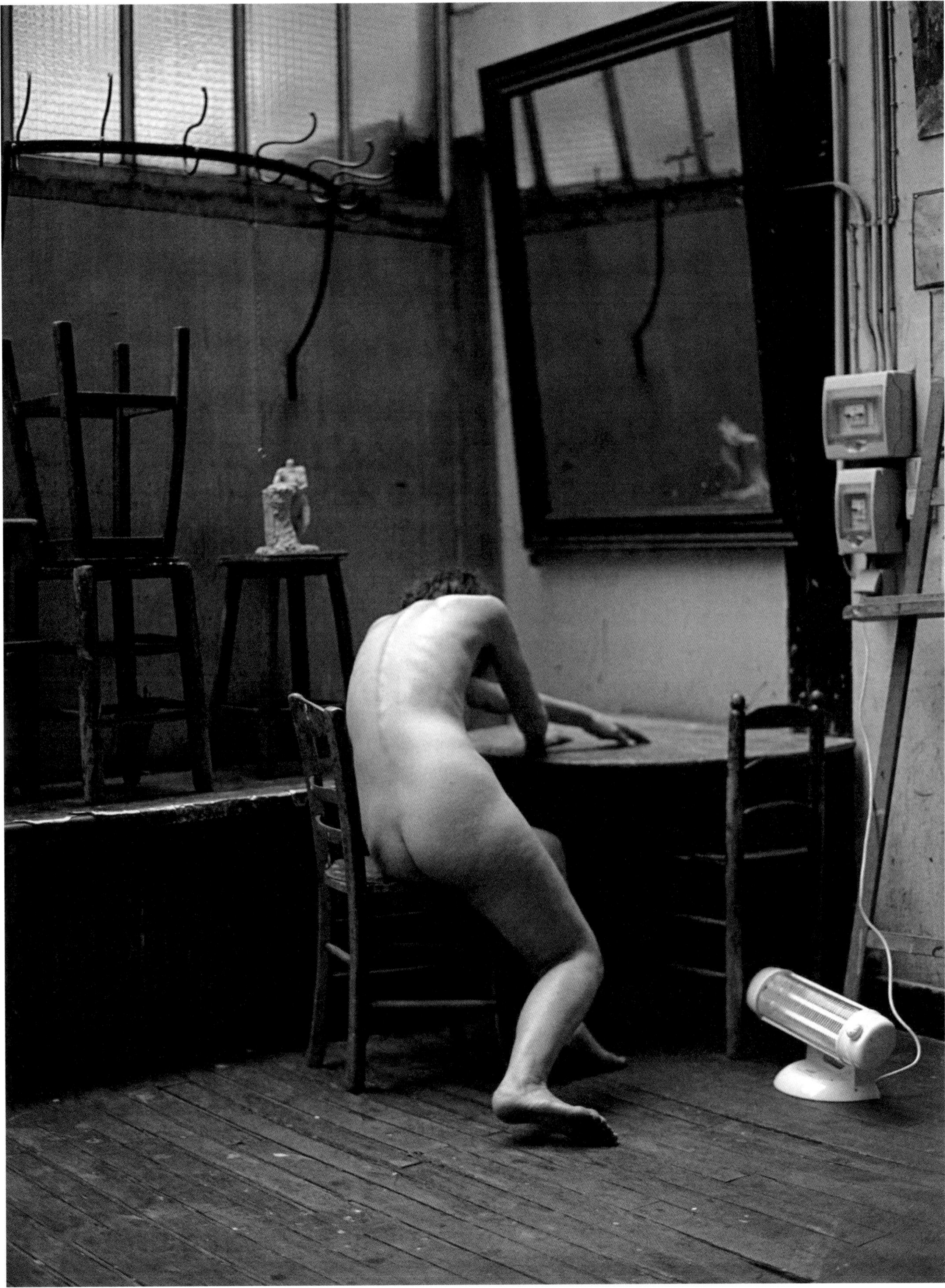

Solitude
Solitude

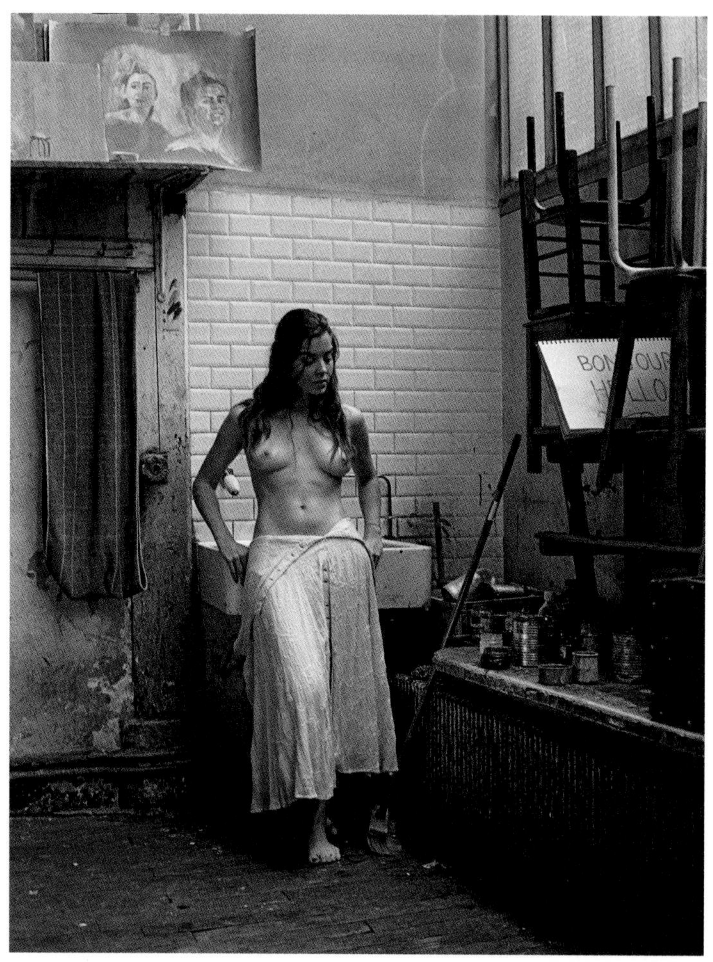

Muse (2)
Muse (2)

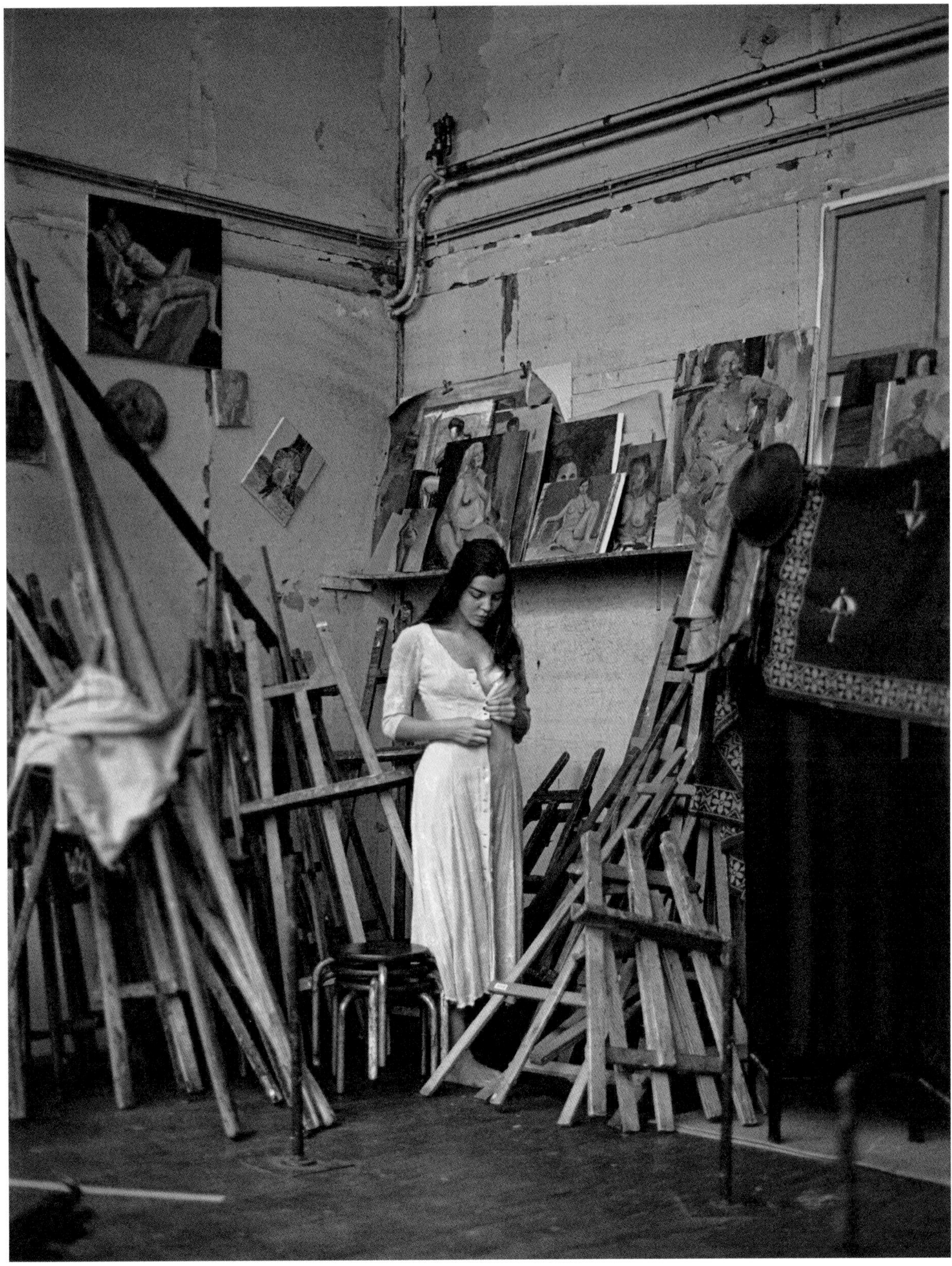

La modèle
The model

*D'un œil, observer le monde extérieur,*
*de l'autre regarder au fond de soi-même.*


*With one eye you are looking at the outside world,*
*while with the other you are looking within yourself.*

*Amedeo Modigliani*

Pendant les prises de vue, je pense à notre époque, je pense au mouvement #MeToo, et je me demande si ce que je fais est raisonnable. Mes modèles sont enthousiastes, elles m'aident, m'encouragent, me portent. Je me dis que je dois suivre mon instinct, cela fait partie de mon parcours d'artiste. Je ne peux pas tricher. La photographie est un chemin que j'ai pris et avec ce travail, je croise la route du peintre que je ne suis finalement pas devenu. C'est une expérience forte. Je suis seul derrière mon objectif.

Dehors le monde s'est arrêté, nous sommes à l'été 2020, nous portons encore des masques et parfois les masques tombent. On se regarde à nouveau, c'est étrange, parfois on découvre des yeux, puis le reste du visage se dévoile…
Les yeux nous révèlent des choses que le visage dissimule.

Le nu, lui, est cash. Il ne ment pas.
Très vite, je vois la nudité des modèles comme un vêtement, leur habit d'artiste. C'est leur outil de modèles vivants. Quand elles posent, elles ont toutes des techniques différentes. Elles nous invitent à les dessiner, à les peindre, elles nous guident dans notre création.



When I'm shooting, I think about our times, I think about the #MeToo movement, and I ask myself if what I'm doing is reasonable. My models are enthusiastic, they help me, encourage me, carry me. I tell myself that I have to follow my instincts: it's part of my journey as an artist. I can't cheat. Photography is a path I've taken and with this work I'm crossing paths with the painter I didn't become in the end. It's a powerful experience. I'm alone behind my camera.

Outside, the world has stopped, it's the summer of 2020, we're still wearing masks and sometimes the masks fall off. We look at each other again, it's strange, sometimes we discover eyes, then the rest of the face is revealed. The eyes reveal things that the face hides.

The nude is straightforward. It doesn't lie.
Very quickly, I see the nudity of the models as a garment, their artist's habit. It's their tool as living models. When they pose, they all have different techniques. They invite us to draw them, to paint them, they guide us in our creation.

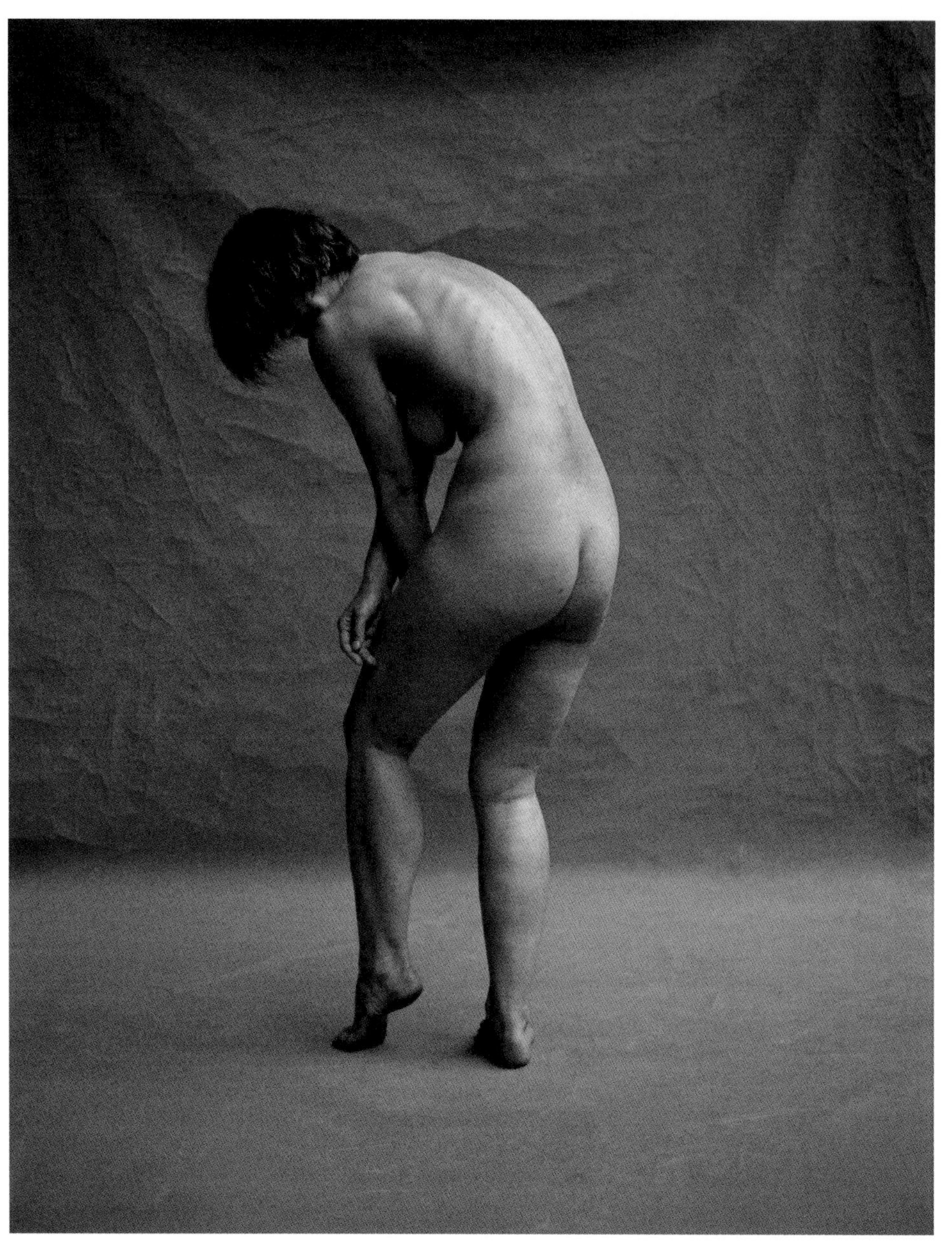

Recourbée (2)
Bent (2)

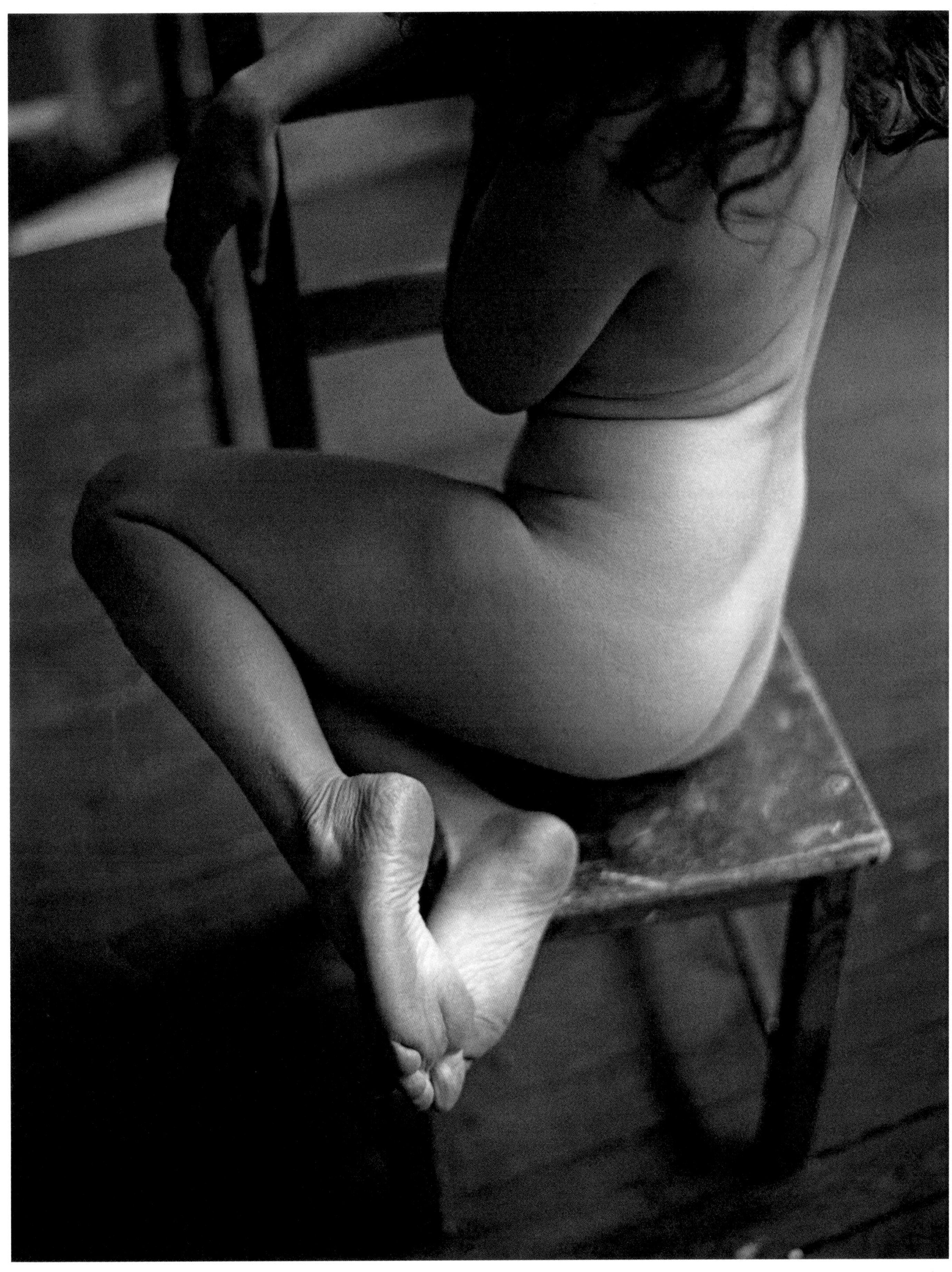

Assise sur chaise (2)
Seated on a chair (2)

*Jusqu'en 2018, la Grande Chaumière a été l'un de mes abris contre
la trop éclatante rapidité du monde. Depuis vingt-neuf ans que je suis
modèle, j'ai eu plusieurs maisons, mais toutes n'ont pas été propices
à s'y cacher. Un atelier est le lieu du détournement. C'est petit,
un paravent, on s'y dissimule, mais mal. Les vêtements qu'on y ôte
et qu'on jette par-dessus bord lancent des œillades indiscrètes
aux artistes. C'est petit, une sellette, mais c'est le lieu où s'exerce
follement la liberté du modèle. Les arpenter avec Vincent, profanant
un plancher, m'y roulant nue, c'était dire adieu à ces mythes.*

*Until 2018, the Grande Chaumière was one of my shelters from the
blinding speed of the world. In the twenty-nine years that I've been
modelling, I've had several homes, but not all of them have been
suitable for hiding in. A studio is a place of diversion. It's small,
with a screen to hide behind, though poorly. The clothes you remove
and throw overboard shoot indiscreet glances at the artists. It's small,
with a stool, but it's where the model's freedom is exercised
to the fullest. Exploring them with Vincent, desecrating a floor,
rolling around naked, required bidding farewell to these myths.*

*Annie*

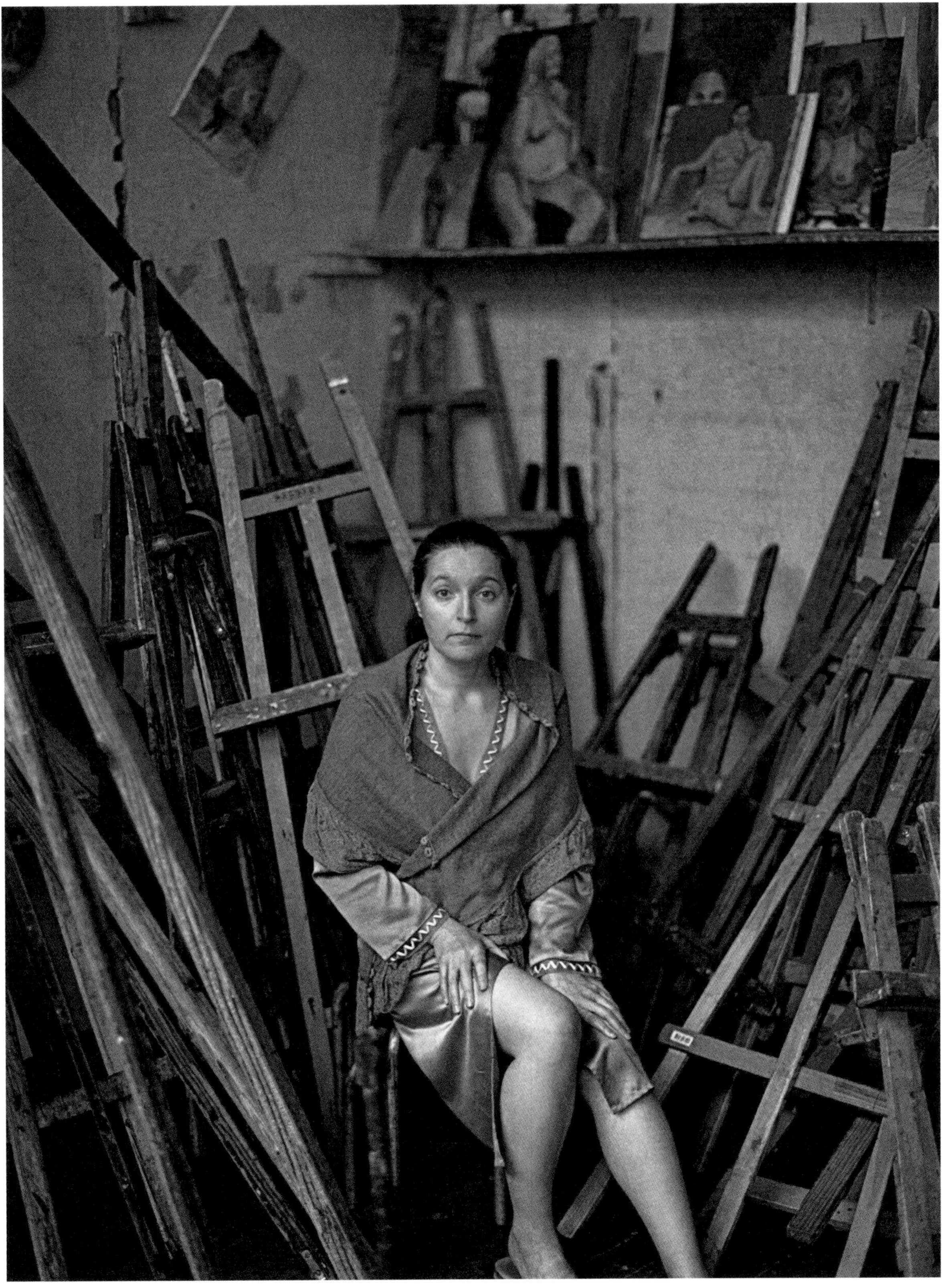

Annie
Annie

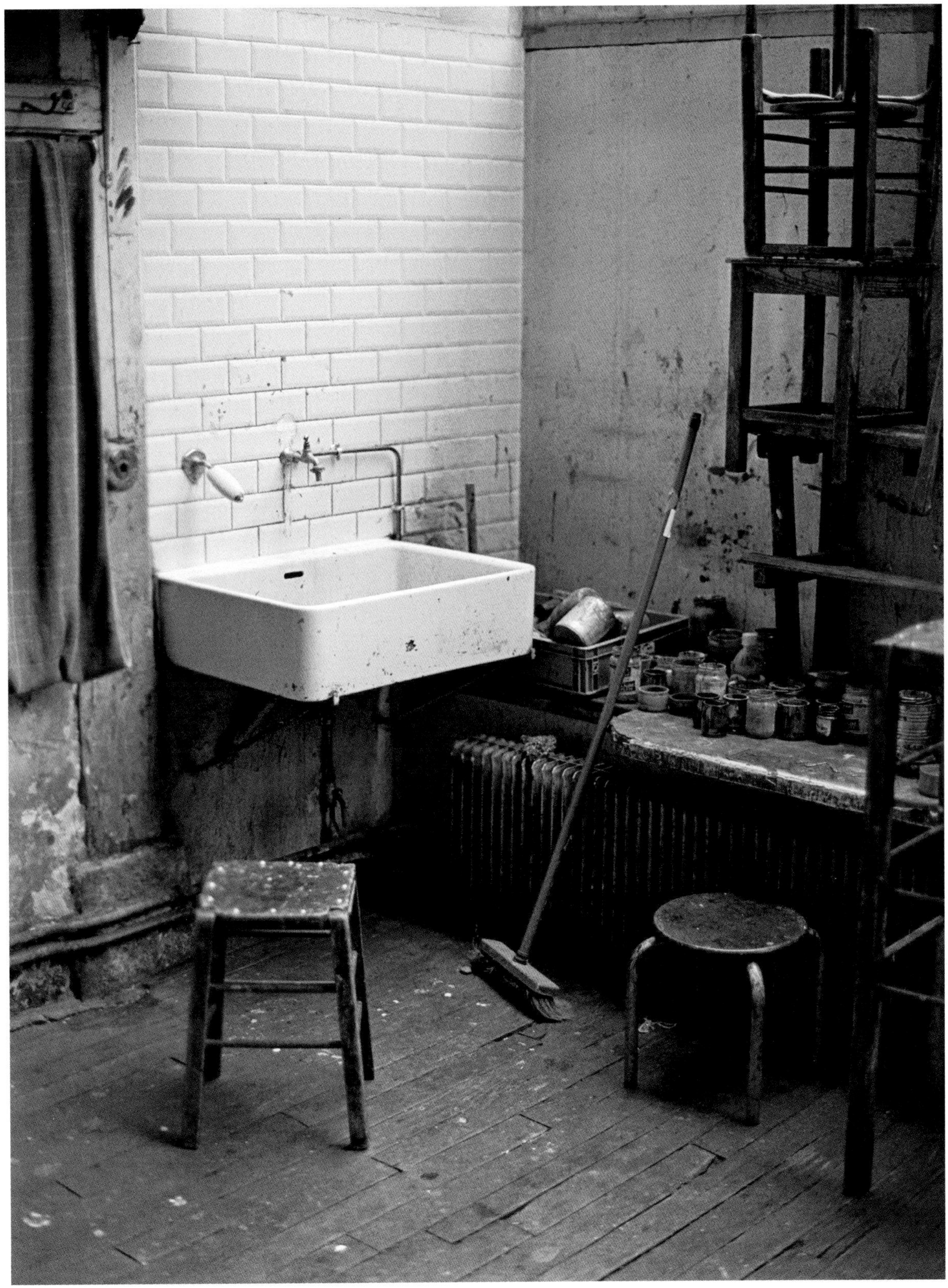

Lavabo dans l'atelier
Washbasin in the workshop

## REMERCIEMENTS

Les Éditions Skira remercient l'artiste pour son engagement tout au long
de l'élaboration de cette monographie. Sans sa totale confiance, l'ouvrage
n'aurait pas été possible.

Nous tenons également à remercier Jean-Luc Monterosso, dont le texte apporte
un éclairage passionnant sur le travail de Vincent Perez, ainsi que les modèles
dont certaines, par leur témoignage, offrent un regard précieux et nouveau sur
la relation entre le photographe et son sujet.

L'artiste remercie...
Son épouse, Karine Silla, pour son soutien dans ses explorations artistiques.

Laure Lamendin, pour lui avoir ouvert les pistes de ce travail et pour son
accompagnement.

Bénédicte Caillat, pour sa bienveillance et sa présence, ainsi que Serge Zagdanski,
le président de l'Académie de la Grande Chaumière.

Michaël Fribourg et Delphine de Canecaude, pour leur soutien merveilleux.
Jean-Luc Monterosso pour son amitié et son regard sur ses œuvres
photographiques.

Et puis bien sûr ses modèles : Francesca, Mossa, Annie, Élise, Fanny, Monika, Zoé,
Éléonore, Ingrid... pour leur superbe implication, leur patience, leur bienveillance
et leurs encouragements.

Enfin, l'artiste remercie Marie-Laure Metge et le fabuleux laboratoire Processus,
ainsi que Charles Cannet pour son travail de post-production.

ACKNOWLEDGEMENTS

Skira would like to thank the artist for his commitment throughout the preparation of this volume. Without his complete trust, this publication would not have been possible.

We would also like to thank Jean-Luc Monterosso, whose text sheds a fascinating light on Vincent Perez's work, and the models, some of whom, through their accounts, offer a valuable new insight into the relationship between the photographer and his subject.

The artist would like to thank:
His wife, Karine Silla, for her support in his artistic explorations.

Laure Lamendin, for having opened the way to this work and for her guidance.

Bénédicte Caillat, for her kindness and presence, and Serge Zagdanski, President of the Académie de la Grande Chaumière.

Michaël Fribourg and Delphine de Canecaude, for their marvellous support.

Jean-Luc Monterosso for his friendship and the way he looks at these photographs.

And, of course, the models: Francesca, Mossa, Annie, Élise, Fanny, Monika, Zoé, Éléonore, and Ingrid for their superb commitment, patience, kindness, and encouragement.

Finally, the artist would like to thank Marie-Laure Metge and the fabulous lab Processus, as well as Charles Cannet for his post-production work.

**Artiste**
*Artist*
Vincent Perez

**Auteurs**
*Authors*
Vincent Perez
Jean-Luc Monterosso

**ÉDITIONS SKIRA PARIS**
**14, rue Serpente**
**75006 Paris**
**www.skira.net**

**Responsable des éditions**
*Editorial management*
Nathalie Prat-Couadau

**Responsable éditoriale du projet**
*Editorial coordination*
Juliette Chambon

**Éditrice junior**
*Junior editor*
Roxanne Rebours

**Assistant éditorial**
*Editorial assistant*
Paul Bonete (stagiaire/intern)

**Graphisme**
*Graphic design*
Diane de Noyelle

**Traduction**
*Translation*
Marc Feustel

**Relecture**
*Copyediting and proofreading*
FR - Laetitia Agostino
EN - Adam Rickards

**Photogravure**
*Colour separation*
Litho Art

OMBRES ET LUMIÈRES

ISBN 978-2-37074-252-0



Cet ouvrage a été imprimé sur un papier certifié FSC
et toutes les étapes de sa fabrication ont respecté cette
certification qui encourage une gestion écologiquement
adaptée, socialement bénéfique et économiquement viable
des forêts de la planète, à travers des matériaux issus
de forêts bien gérées, de matériaux recyclés
et de matériaux issus d'autres sources contrôlées.
www.fsc.org

This book has been printed on FSC-certified paper,
and all stages of its manufacture have complied with
this certification, which supports the environmentally
appropriate, socially beneficial and economically viable
management of the world's forests, using materials
from well-managed forests, recycled materials and other
controlled sources.
www.fsc.org

Achevé d'imprimer en septembre 2024
sur les presses de Graphius à Gand, Belgique.
Dépôt légal octobre 2024.

Printed in September 2024 by Graphius, Ghent, Belgium.
Legal deposit October 2024.

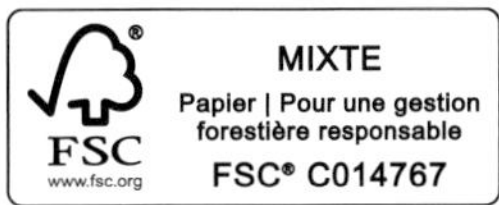

*pro*cessus

**Cet ouvrage a bénéficié du soutien de Processus**
This book has been supported by Processus

*processusphoto.com*

**pro**cessus